わたしも Happy みんなも Happy ♥

ハピかわ
HAPPY KAWAII

こころの

伊藤美奈子

双葉 陽・マン

JN017476

Ⓘ 池田書店

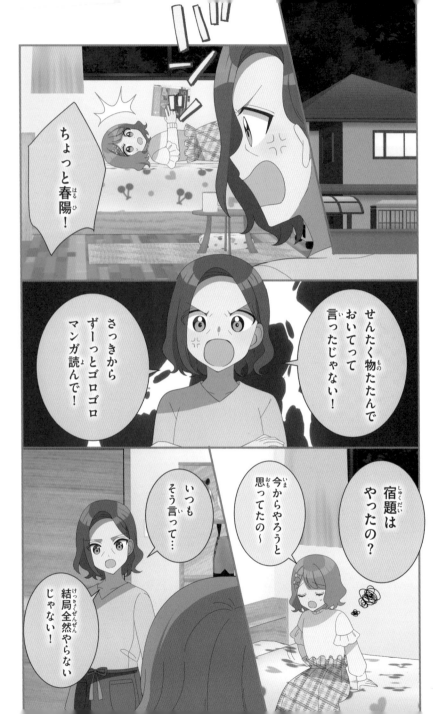

もくじ

第1章 わたしを知って わたしをいかす！

第2章 気持ちのコントロールで ハッピーに♪

第3章 大事にしよう みんなの気持ち

第4章 SOS！ お悩みレスキュー

こんなとき、どうする？

登場人物紹介

この本の登場人物を紹介するよ!

5年3組の
クラスメイト

中野春陽

おだやかでやさしく、
おっとりしている。自分
に自信がなく、いつも
友だちと自分を比べて
しまうのが悩み。

藤原まひる

しっかり者でグルー
プのまとめ役。みん
なからたよられすぎ
てつかれてしまうこ
とも…。

五十嵐怜央

スポーツ万能で明るい
ムードメーカー。すみ
れとはときどき意見が
合わずにケンカになっ
てしまう。

保健室

小野なつみ先生

保健室の先生。みんな
の悩みをやさしく聞い
て相談にのってくれる。
みんなからは「なつみ
先生」と呼ばれている。

小泉すみれ

頭が良くクールなキャ
ラ。近寄りにくいと思
われていることを気
にしているが、じつは、
ぬいぐるみ集めが趣味。

佐久間つむぎ

マイペースで、絵をか
くのが得意。のんびり
屋だが、人に絵をかく
のをじゃまされるとイ
ライラしてしまう。

第1章

わたしを知って わたしをいかす！

自分のことをもっとスキになる方法を紹介するよ！
自分自身と向き合って、
あなたのいいところを見つけてみて♪

小野なつみ先生は
保健室の先生で

とってもやさしくて
みんなの相談に
のってくれるの

たいしたこと
なくて
良かった！

…なつみ先生
ありがとう
ございます

どうしたの？
元気ないね

うん…
わたしって
ほんとどんくさい
なぁって…

え？

しゅん…

「わたし」ってどんなタイプ？

スタートから自分にあてはまる方の答えを選んでいこう！
Ⓐなら → Ⓑなら‥> の矢印の方向に進んでね！

スタート

Q プレゼントに
もらうなら？
Ⓐ ぬいぐるみ
Ⓑ スニーカー

Q どちらの
おかしを選ぶ？
Ⓐ チョコレートケーキ
Ⓑ ポテトチップス

Q 習いごとを
するならどっち？
Ⓐ ピアノ
Ⓑ スイミング

Q 旅行に欠かせない
持ち物は？
Ⓐ ガイドブック
Ⓑ トランプ

Q みんなで色違い
のペンを買ったよ。
あなたは何色？
Ⓐ 青　Ⓑ ピンク

Q お花を
もらうなら？
Ⓐ チューリップ
Ⓑ バラ

Q 休みの日は
なにをする？
Ⓐ 絵をかく・ゲーム
Ⓑ 公園でスポーツ

Q 夏休みの
宿題は？
Ⓐ 早めに終わらせる
Ⓑ ギリギリまで
残しておく

20

※必ずしもタイプで性格が決まるわけではないよ！

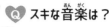

Q スキな音楽は？
A しっとりしたバラード
B 元気になる ヒップホップ

ゆったり おっとりな
春陽タイプ

Q 待ち合わせに おくれそう！どうする？
A やばい！ 急がなきゃ！
B まあいっか〜 ゆっくり行こう！

しっかり者の まとめ役
まひる タイプ

明るく元気な
怜央 タイプ

Q 得意な お手伝いは？
A せんたく物をたたむ
B お皿洗い

知的でクールな
すみれ タイプ

Q 読書をするなら？
A 推理小説
B おとぎ話

しんの強い 芸術家肌
つみき タイプ

自分を発見！
「わたし」を知ろう！

まずは自分のことを知るところからはじめてみよう！
自分のことをよく知ると、いいことがたくさんあるよ。

自分を知ることでもっとステキになる♥

自分自身のことをどのくらい知っているかな？
性格や長所、短所、趣味、特技…自分を知ると、いいことがいっぱいあるよ！

★ 得意なことがわかる！
★ スキなところがわかる！

★ 苦手なことがわかる！
★ なおしたいところがわかる！

小さい子にやさしく
できるところがスキ！

あがり症なところを
なおしたい！

作文発表
「将来の夢」

↓

↓

自分に自信がもてる

ようになる

もっとステキな自分になるため

どうすればいいかを
考えるきっかけになる

わたしに
こんな一面が
あったなんて！

やってみよう！
自分にインタビュー

自分自身にインタビューをして、「自分データ」を集めよう！
自分でも気づいていなかった一面が見えてくるかも。

💙Q キライ、苦手な
こと・ものは？

💙Q 性格は？

💙Q 特技は？

💙Q 趣味やスキな
こと・ものは？

💙Q じまんできる
ことは？

💙Q マイブームは？

💙Q 今までで一番
うれしかったことは？

💙Q やってみたい
ことは？

💙Q 悩んでる
ことは？

💙Q 将来の夢は？

ノートに
書き出してみても
いいね！

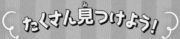

たくさん見つけよう！
わたしのここがスキ！

自分のスキなところがはっきりわかっていると、自信につながるよ。
気がつかないだけで、自分のスキなところはたくさんあるかも！

自分のスキなところを考えてみよう

得意なことをしている自分や、人にやさしくできる自分…
どんな小さなことでもいいから、自分のスキなところを考えてみよう。

> スキなところが思いうかばないときは、
> まわりの人からほめられたところを
> 思い出してみてね！

> だれにでも
> やさしいところ

> いつも笑顔な
> ところ

> どんなことにも
> 感動しちゃうところ

わたしのスキなところ、
こんなにあった！

みんなにも聞いてみたよ！

怜央の場合

いつも元気なところ

> みんなを楽しくさせることならだれにも負けないっ！

絵が上手なところ

> 絵をかくことも大スキだし、絵をかいている自分のことも大スキ！

つみきの場合

まひるの場合

だれとでもすぐ仲良くなれるところ

> はじめて会った人とでもすぐに仲良くおしゃべりできるよ！

すみれの場合

算数が得意なところ

> みんなに算数を教えることもあるよ！

向き合ってみよう！
わたしのここがキライ！

自分のキライなところを知ることは、少しイヤなことだよね。
でも、自分をより深く知るためにキライなところとも向き合ってみよう。

自分のキライなところを考えてみよう

だれにでも自分のキライなところはあるもの。日ごろの自分をふりかえって考えてみよう。

考えすぎて
気分がしずんでしまったら
休けいしてね

春陽の場合 　落ち込みやすいところ

どよ〜〜ん

っオロオロ

おこられたり、悲しいことがあったりすると
すぐ落ち込んじゃう。表情にも出ちゃって
みんなに心配かけちゃうし、そんな自分が
キライだなあ…

26

みんなにも聞いてみたよ！

すみれの場合

冷たい言い方をしてしまうところ

> 冷たい言い方のせいでこわいって思われてしまう…。そんな自分がイヤ…

たのまれると断れないところ

> 本当はやりたくなくても、イヤって言えない自分がキライ…

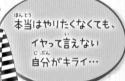

まびるの場合

つみきの場合

すぐイライラしちゃうところ

> イライラしてすぐ家族にあたってしまうところがキライだな…

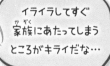

怜央の場合

ついうるさくしちゃうところ

> 先生や友だちにもよく「うるさい」って注意される…。なおしたいとは思ってるけど…

キライな自分も認めよう

自分のスキなところと、キライなところがよくわかったね。
でも、どちらも今の自分。大切にしていこう。

キライなところがあるからといって、
自分を責めないで。
どうしたら自分を大切にできるかを
いっしょに考えてみよう

いいところもダメなところも大切なわたし

自分のダメなところばかり考えていると、どんどん自信がなくなって、いいところが見えなくなってしまうもの。いいところとダメなところがあるのは当たり前のことだから、どちらの自分も大切にしよう。

わたしって
ダメダメだよね…

大丈夫だよ

自分で自分を
元気づけてあげよう

見方を変えれば長所になる！

自分のキライなところも、違った角度から見ると、スキなところになるかも。例えば、「心配性」はもしものときのことをきっちり考えられて計画性がある性格ともいえるよね。

心配性

計画性がある！！

バッチリ！！

ダメなところをなおすには…

自分のダメなところを知ることは、成長のチャンス。忘れっぽい自分がダメだと思ったら、メモをとるようにするなど、対策を考えてみて！ 対策をとることができれば、ダメなところもいいところに変えられるね。

また忘れ物した…！

しっかりメモをとるようにしよう！

忘れ物が多いところがダメ…

自分の考え方を知ろう！
こんなときあなたはどう考える？

同じできごとでも、ネガティブに考えることもできれば、
ポジティブに考えることもできるものだよ。

あなたはどっち？

たとえ1　大スキなパフェを食べていて…

もう半分しかない…悲しい…

もう半分も食べてしまって残りは少ないなぁ…とネガティブに考えてしまう。

まだ半分もあってうれしい！

まだ半分もあるし、これから食べることを想像してうれしいとポジティブに考える。

たとえ2　雨がふってきた…

あなたはどっち？

外で遊べない…最悪だ…

できないことだけに目を向けてしまい、ネガティブに考える。

外では遊べないけど、おうちで本が読める！

できないこともあるけれど、できることを楽しもうとポジティブに考える。

30

たとえ3　がんばったけど負けちゃった…

あなたはどっち？

😢 **わたしって才能ないんだ…もうやめちゃおう…**

負けてしまった悲しさで自分には才能がないとネガティブに考えて、あきらめてしまう。

😠 **くやしいからもっと練習がんばるぞ！！**

くやしい気持ちを次につなげて、もっとうまくなれるようにがんばろうとポジティブに考える。

あなたはどっち？

😞 **わたしってきらわれてるのかも…**

人に言われたことを悪い方向にとらえてしまい、ネガティブに考えて落ち込んでしまう。

😊 **なにか用事があるのかも。またさそえばいいや！**

人に言われたことを深刻にとらえすぎずに、次のことをポジティブに考える。

たとえ4　さそいを断られちゃった

自分の考え方がわかると、もっと自分を知ることができるの

こんなこと言ってないかな？

口ぐせからわかる自分の考え方

友だちや家族としゃべっているときに無意識に口にしている「口ぐせ」。
じつは、あなたのネガティブな気持ちを表しているのかも。

無意識にこんなこと言ってないかな？
口ぐせは自分でも
気がつかないこともあるから、
わからなかったら、家族や友だちに
聞いてみるのもいいよ

ネガティブ口ぐせリスト

- 💬 でも…
- 💬 どうせ○○だもん
- 💬 わたしなんか…
- 💬 ○○でいいもん
- 💬 めんどくさい
- 💬 つまんない
- 💬 最悪…
- 💬 どうでもいい
- 💬 だって…
- 💬 あとでいいや…
- 💬 ムリだよ…
- 💬 つかれた
- 💬 やだなあ…
- 💬 だるいなあ…

けっこう
言ってるかも…

自分では気が
つかなかったなあ…

GOOD（グッド）ものごとの見方を変えてみよう！

見方を変えることで、ネガティブをポジティブに変えられるよ！
例えば、33ページの春陽さんの言葉をポジティブに変えると…？

これが終わったらケーキ食べよう♪

○○したら成長できるかも

きっといいことある！

わたしはよくがんばってる！

できるようになったらスゴイ！

わたしも○○ちゃんに負けないようにがんばろう

言いかえるだけ！

ポジティブになれる魔法の言葉レッスン

ネガティブなことを口にすると、気持ちまでネガティブになってしまうもの。
魔法の言いかえを覚えて、ポジティブに考えてみよう！

 これキライ… ➡ でも○○なところはスキ！

 めんどくさい… ➡ たいしたことないっ！

 やっぱりダメだった… ➡ 今回はたまたま！

 つかれた… ➡ よくがんばったなぁ！

 わたしなんて… ➡ わたしならできる！

 才能ないのかも… ➡  わたしにはほかに向いてることがある

ネガティブな言葉も言いかえるだけで前向きな気持ちになれるでしょ？

今までの自分をふりかえってみよう

過去の自分は今の自分につながっているよ。
自分をふりかえってみると新しい発見があるかもしれないよ！

過去の自分が今の自分を作っている

過去に失敗してしまったことや、おこられてしまったこと、からかわれて悲しかったことなどが、気がつかないうちに今のあなたの自信のなさや、ネガティブな考え方につながってしまっていることも…。反対に、ほめられてうれしかったこと、チャレンジして楽しかったことなどが、ポジティブな考え方に影響していることもあるんだよ。

自分を知るためにふりかえってみよう

生まれてから今までに起きたできごとやまわりの人に言われた言葉が、自分の性格や考え方に影響をあたえていることがあるよ。過去のできごとをふりかえって、今の自分を知るための手がかりにしてみよう。

過去のできごとが
思い出せないときは、
家族や友だちに
聞いてみるのも◎

36

みんなにもふりかえってもらったよ

春陽の場合

発表会で失敗して、みんなに笑われちゃった…。

人前に立つのがこわくなって、目立つことがキライになった。

まひるの場合

とっくん特訓！

ダンスの練習で、うまくできなくてみんなに迷惑かけちゃった…。

みんなもいっしょに特訓してくれて本番は大成功。みんなとも仲良くなれた！

怜央の場合

わたしやります！

まかせて！！

チャレンジしてみる！

毎日練習してのぞんだバスケの試合に勝って、すごくほめられた！

自信がついて、なんでも前向きにがんばれるようになった。

 自分年表を作ろう！

これまでのできごとをふりかえって、年表を作ろう。過去のできごとが今の自分の性格や気持ち、考え方につながっていることがよくわかるよ。

自分年表の作り方

① うれしかったこと、楽しかったこと、悲しかったこと、くやしかったこと、はずかしかったこと、はらが立ったことなど、気持ちごとにわけて、できごとを思い出してみよう。

② 思い出したできごとと気持ちをセットにしてノートに書き出して、年れい順に並べて整理するよ。

③ 41ページの年表に書き込もう。

特に心に残っているできごとを思い出してね！

ひと言アドバイス

うれしかったこと、楽しかったことだけではなく、悲しかったことやはらが立ったことなど、マイナスの気持ちになったできごともがんばって思い出してみよう。

運動会で転んじゃった。はずかしかったなあ…

劇で主役をした。うれしかった！

38

春陽の自分年表はこんな感じ！

年れい	できごと	気持ち
5歳	飼い犬のコロがはじめて我が家にやってきた。	うれしかった。
6歳	友だちのみゆきちゃんが引っこしてしまった。	悲しかった。
7歳	家族旅行で沖縄に行き、海で泳いだ。	楽しかった。
7歳	劇で主役を演じた。	うれしかった。
8歳	運動会のリレーで転んでしまった。	はずかしかった。
8歳	社会のグループ発表で、みんなの前で話した。	きんちょうした。
9歳	ピアノのコンクールで入賞して、表彰された。	うれしかった。
9歳	学校の合唱コンクールで、1組に負けて準優勝だった。	くやしかった。
10歳	妹があたしの大切なぬいぐるみをよごした。	はらが立った。
10歳	友だちとはじめてプリクラを撮った。	楽しかった。

自分年表を今の自分にいかそう!

過去の楽しかったこともつらかったこともぜんぶ、
今の自分にいかすことができるよ。いかし方を見てみよう!

うれしかったできごとを思い出してやる気UP!

ほめられてうれしかった、成功してうれしかった、などのできごとは、自信につながるよ。これから別のことにチャレンジするとき、「きんちょうするな」「こわいな」と思っても「あのとき成功したから、きっと大丈夫!」と自分をはげます材料にできるよ。自信をもってチャレンジできるね!

同じ失敗をくりかえさないように意識できる!

失敗してはずかしかったできごとは、反省につなげることができるね。「あのときはこういうやり方をして失敗してしまったから、次は同じ失敗をしないように気をつけよう」と意識することで、失敗をくりかえすことを防げるはず。

わたしなら
大丈夫!

前もできたし、
今回もきっと
うまくいく!

前回は練習が
足りなかったな。
今回はしっかり
やるぞー!

ほかにも、こんないかし方があるよ!

😊 楽しかったできごと

悲しい、さみしい気持ちになってしまったときに、思い出してみて。楽しかったできごとを思い出すと、自然と明るい気持ちになれるはず。

😖 きんちょうしたできごと

「あのとき、きんちょうしてうまくできなかったな」と思うことがあれば、次にチャレンジするときには「きんちょうしてもがんばってきたから自分の力を発揮できる」と思うようにするといいよ!

つらかったことも、「それがあったから今の自分がある」と
考えられるようになると、もっと自分をスキになれるよ!

やってみよう！

あなたの自分年表を作ってみよう！

39ページを参考に、できごとと気持ちをまとめてみてね。
※表が足りないときは、コピーして使ってね。

年れい	できごと	気持ち
歳		
歳		
歳		
歳		
歳		
歳		
歳		
歳		
歳		
歳		

自分にわくわく！
「新しい自分」を見つけよう！

あなたの中には、まだあなたの知らない自分がねむっているのかも。
自分をもっとスキになるために新しい自分を探してみよう！

自分の中にはたくさんの可能性がある！

自分のスキなところ、キライなところを発見したり、過去の自分をふりかえってみたりして、自分のことがわかってきたよね。自分をもっとスキになったり、自分の中にねむっている意外な才能を見つけたりするためにはどんなことをしたらいいのか考えてみよう。

1 趣味を見つけてみよう

自分のスキなことや、興味のあることを趣味にしてみよう。
はじめは上手にできなくても大丈夫。自分のペースで少しずつやってみて。趣味を見つけることで自分の世界が広がるし、「自分らしさ」を知ることができるよ。

あなたにおすすめの趣味！

- ♥ 人を楽しませるのがスキ ▶ 手品
- ♥ 食べることがスキ ▶ 料理
- ♥ ボーッとするのがスキ ▶ 天体観測
- ♥ 無心になりたい ▶ 刺しゅう、あみもの
- ♥ おしゃれがスキ ▶ アクセサリー作り
- ♥ じっくり考えるのがスキ ▶ 囲碁、将棋

夢中になれるって楽しいね！

② はじめてのことにチャレンジしてみよう

今までやったことのないことにチャレンジするのは、少し勇気がいるけれど、チャレンジしたあとはきっと少しだけ新しい自分になっているはずだよ。今まで知らなかった意外な特技が見つかるかも！チャレンジしてみて楽しいと思ったら、趣味にするのもいいね！

> ブレイクダンスにチャレンジしたよ。わたしにはできないと思っていたけど、とても楽しかった！

③ 苦手なことにチャレンジしてみよう

苦手なことはついついあと回しにしたり、目を背けたくなったりするよね。でも、苦手だと思い込んでいただけで、チャレンジしてみたら意外に楽しいと思えるかもしれないよ！　また、たとえ苦手なままだったとしても、自分に合うことが別にあるはずだから、考えすぎないようにしよう。

がんばって！

> 走るのは苦手だけど、ミニマラソンにチャレンジしてみたよ。がんばった自分をほめてあげたい！

④ 今までと違う友だちと話してみる

新しい出会いには新しい発見があるよ！
今まで知らなかった友だちのいいところや、新しい話題を知ることができるかも。さまざまな人の考えにふれることは、あなたの人生を豊かに楽しくしてくれるはずだよ。

> 勇気を出して、となりのクラスの子に話しかけてみたよ！
> わたしの知らなかったおもしろいマンガを教えてくれた！

⑤ 自分の長所を人に聞いてみる

家族や友だちに自分の長所について聞いてみよう！ 自分では気がつかなかった自分のいいところを教えてもらえるかも。長所をたくさん知っていれば、自信につながるし、もっと自分をスキになるきっかけになるかもしれないね。

> お母さんにあたしの長所をインタビューしてみたよ！
> 意外な長所を知ることができてうれしかった！

> 新しい自分を知ることで、人は少しずつ成長していくんだよ

変化は悪いことじゃない

人はたくさんの変化をくりかえして成長していくよ。例えば、人との出会いと別れのような人間関係の変化や、引っこしや転校のような環境の変化、心と体の成長など、さまざまなものがあるよ。こうした変化は、マイナスなことばかりではなく、あなたの世界を広げてくれることもあるはず。変化をこわがらずに、楽しむようにしてみてね。

新しい友だちができた

告白したけどフラれた

小学校に入学した

身長がのびた

ペットが死んでしまった

変化にとまどってしまったときは、自分自身はどうすればいいのかじっくり考えてみよう。なりたい自分や、したいことを考えてみてもいいね。家族や友だちに話を聞いてもらうのも◎

自分自身と向き合う！
自分を大切にしよう！

自分を大切にするということは、向き合って仲良くしていくこと。
自分の状態を知って、自分をスキになってあげよう！

今の自分をチェック！

こんなふうに
なっていないかな？

1. だれからも好かれようと思いすぎている。
2. 失敗すると、とことん落ち込んでしまう。
3. きらわれたくないから、ムリして合わせてしまうことがある。
4. 話している相手の顔色が気になってしまう。
5. 意見を求められるとなにも言えなくなることがある。
6. 友だちやまわりの人をうらやましく感じてしまう。
7. ほかの子と比べて自分は不幸だと思う。

こんなことを思っていると…

ネガティブな感情に
とらわれてしまう！

自分のことがキライになる

どうして自分は
ダメなんだろう

心によゆうがなくなる

まわりの人にやさしくなれない

BAD ほかの人を うらやましく思っちゃう…

ほかの人と比べて自分のことをキライになるなんて
かわいそうなやつだな〜！

怜央ちゃんは明るくて
いつもみんなを楽しませて
くれているのに
わたしは…

すみれちゃんは
しっかり者でみんなから
たよられているのに
わたしは…

まひるちゃんは
相談にのってくれたり、
困っていると
助けてくれたりするのに
わたしは…

Oh

マイナスの気持ちをもってしまうのは
仕方がないこと。でも自分のことをこんなふうに
思ってばかりではもったいないよ！

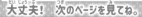

大丈夫！ 次のページを見てね。

49

自分のいいところを知って、どんどんのばそう!

あなたにはほかの人にはない、いいところが必ずあるよ。
他人のいいところは比べないで、真似するようにしよう!

人と自分を比べない! 自分の長所に目を向けよう

すみれちゃんは勉強ができる、怜央ちゃんはスポーツが得意、つみきちゃんはいつもおしゃれな服を着ている…。だれかと比べて、自分の足りないところを見つけるのはかんたんだよね。でもだれかと比べる必要はないよ。なぜならあなたにはあなたのいいところがあるから。自分のいいところを知って、のばしていく。それが自分を大切にできる第一歩だよ!

いつも笑顔なところ

だれにでもやさしいところ

どんなことにも感動しちゃうところ

自分を大切にすると…

わたしって すごいじゃん！

自分をスキになれる

笑顔が増えるネ♪

自分のいいところを見つけられる！

わたしなら できる！

自信をもてる

うん ありがとう！

なにかあったら 言ってね！

人にやさしくできる

おたがい ハッピーな気持ちに なれるよ！

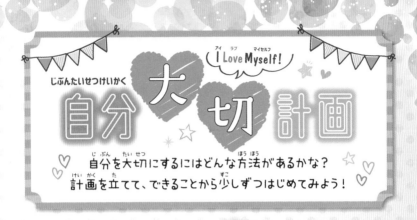

自分大切計画（じぶんたいせつけいかく）

I Love Myself!（アイ ラブ マイセルフ）

自分を大切にするにはどんな方法があるかな？
計画を立てて、できることから少しずつはじめてみよう！

STEP 1（ステップ）

自分をほめて、はげます！

今日1日、自分はどんないいことをしたかを考えてみよう。友だちにやさしくできたかな？　おうちのお手伝いをしたかな？　なにかひとつでもあれば、思いっきり自分のことをほめてあげて。また、失敗したことや、やりなおしたいことがあったなら、次はどうしたらいいかを考えてみよう。

ポイント

鏡に写る自分に向かって、「がんばったね！」「えらい！」などとほめ言葉を言ってみよう。

お手伝い、
がんばったね！

大丈夫、次は
うまくできるよ！

STEP 2

できるようになったことを書き出す！

自分ができるようになったことを書いてみよう。前よりがんばれたことがわかるようになれば、自分のことをスキになれるはず。できることが増えていくと、自信がついていろいろなことにチャレンジしたいという気持ちがわいてくるよ。

ポイント

なにがきっかけでできるようになったかも書いておこう。

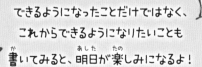

できるようになったことだけではなく、これからできるようになりたいことも書いてみると、明日が楽しみになるよ！

ストレスをためない！

心が受けるダメージのことをストレスといい、それによってつかれてしまうことをストレス反応というの。これは生きていくうえでさけられないの。友だちや家族、勉強のことや環境の変化など、あなたがかかえているさまざまな「悩みごと」は、あなたの心にストレスをあたえているんだよ。

ストレスってなに〜？

ストレスはこんなことでたまっている！？

お母さんが口うるさい

となりの席の男子がいつも忘れ物をする

通学路の信号待ちが長い

成績が上がらない…

ストレスは気づかないうちにたまっているよ…

ストレスがたまるとどうなる！？

イライラ

心のコントロールができなくなる…

- 🧠 気分が落ち込む
- 🧠 おこりっぽくなる
- 🧠 やる気がなくなる

ウゥウゥ——いたた

いたた

体調をくずしやすくなる

- 🧠 おなかや頭が痛くなる
- 🧠 朝起きられなくなる
- 🧠 夜、ねむれなくなる

こわしちゃった…！

Oh

うまくいかないことが増える

- 🧠 ミスが増える
- 🧠 言葉づかいが乱暴になる
- 🧠 考え方がネガティブになる

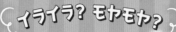

イライラ？ モヤモヤ？
みんなのストレス発散法

だれもがなにかしらのストレスを感じながら生活しているよ。
みんなはどんな方法でストレスを発散しているのか見てみよう！

ストレスはみんな感じている！

今、「ストレスが
たまっている」と
感じますか？

いいえ
2%

はい！
98%

＊小学2年生〜中学1年生の100人に聞いたよ。

みんなに
聞いてみたよ！

みんなのストレス発散法

1 体を動かす！

スポーツやダンスで、体を動かすと気分転換になるよ。汗をかくことでリフレッシュした気持ちになれるの

いいストレス発散法だね。一度にたくさんの運動をするより、週に2〜3回少しずつ続けられるペースで行うと◎

② 読書をする！

わたしはスキな本を読むのが一番のストレス発散法。夢中になると、不安なことやイヤなことを忘れられるよ！

スキなことに夢中になれると、集中できてすっきりするね！

③ 大声でさけぶ！

イライラしたり、くやしい気持ちになったりしたときは大きな声を出すの

おなかの中から声を出すと、心も体もリフレッシュした気分になれるね！

④ 思いきり泣く！

泣ける映画やマンガを見て、思いきり泣くとすっきりするよ！ イヤな気持ちがぜんぶ洗い流される感じがするんだ

涙を流すことで、ストレスホルモンを体の外に出すことができるし、リラックス効果もあるんだよ

⑤ 人に相談する

ストレスを感じたときには、その原因についてだれかに相談したり、話を聞いてもらったりするだけでもいいよ。人に話すだけで気持ちがすっきりするもの。また、話しているうちに気持ちや状況が整理できたり、相手がアドバイスをくれたりと、思わぬ解決法が見つかることもあるよ。

ほかにもこんなストレス発散法があるよ!

こんなことがあってね…

家族、先生、仲良しの友だち、違うクラスの友だち、違う学校の友だち…など、そのときの状況によって相手を決めるのもいいね!

例えば、こんなふうに決めよう

ストレスの原因が
A 家族のこと B 友だちのこと

A ⟶

B ⟶

ストレスの内容は
A 深刻だ B 軽い

その友だちは
A 同じクラス B 違うクラス

A

B

A

B

先生に相談!

信頼できる大人に相談して、アドバイスをもらおう。

仲良しの友だちにグチる!

仲良しの子とグチを言い合うことで気持ちが晴れるかも。

先生が違うクラスの友だちに相談!

一歩引いた目線で見てくれる相手に相談するのが◎。違う立場の人からのアドバイスが役立つこともあるよ。

家族が同じクラスの友だちに相談!

⑥ まわりをスキなもので満たす！

スキなことをしたり、スキなものに囲まれていたりすると、楽しい気持ちになるよね。「ストレスがたまっているな」と感じたら、スキなものを集めてみよう。スキなものでまわりを満たすと、ストレスも消えていくはずだよ。

あなたのスキなものやスキなことはなに？

♥ 小さいころから大切に
　 しているぬいぐるみ
♥ お気に入りの服
♥ かわいいお花　♥ 読書
♥ 友だちと撮った写真
♥ 友だちからもらった手紙
♥ 応援しているアイドルの音楽
♥ あこがれのモデルがのっている雑誌
♥ おかし作り　♥ ゲーム

つみきの場合

わたしは絵をかくことが
スキだから、絵をかいたり、
今までにかいた絵を
ながめたりするよ！

すみれの場合

こう見えてかわいいものがスキだから、
かわいいものを集めたいな。ぬいぐるみに
リボンを結んでもっとかわいくしたり、
かわいいステショを集めたりしようかな

パーソナルカラーで見た目をアップデート!

「パーソナルカラー」とは自分の肌や瞳の色、雰囲気に似合う色のことだよ。
質問に答えて、自分がどのタイプなのかチェックしてみよう!

質問にはい → いいえ…⟩ で答えて進もう

※自分でわからなければ、おうちの人や友だちに聞いてみるのもいいよ!

スタート

瞳の色は黒より明るく、茶色っぽい

髪の毛の色が太陽にあたると茶色く見える

ほっぺたの色が赤くなりやすい

明るいパステルカラーの服が似合う

ダークな色の服が似合う

肌の色がイエローよりピンク色っぽい

春
はる

キュートで明るい
スプリングタイプ

▶62ページへ

夏
なつ

さわやかカラーが
似合う
サマータイプ

▶63ページへ

秋
あき

大人っぽい雰囲気
オータムタイプ

▶64ページへ

冬
ふゆ

原色ファッション
が似合う
ウィンタータイプ

▶65ページへ

青い服より、
オレンジや黄色の服が
似合うと言われる

水玉や花柄は大きい
ものより小さいもの
の方がしっくりくる

アクセサリーは
シルバーよりゴールドの
方がなじむ

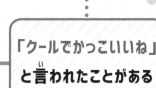

「クールでかっこいいね」
と言われたことがある

パーソナルカラー別 コーディネート

自分に似合う色を身につけるともっとステキにかがやけるよ!

足元はスニーカーでカジュアルダウンさせてみて♪

POINT.1

ゴールドのアクセサリーが
肌の色になじむよ。

春

キュートで愛らしい!
スプリングタイプ

春のお花をイメージさせるサーモン
ピンクやイエロー、オレンジなど明
るい色がよく似合うよ。くつやバッ
グは黒よりブラウンがおすすめ。

POINT.2

コーラルピンクは
スプリングさんイチオシカラー。

POINT.3

大きな柄より、小さな柄の方が
似合うよ。

おすすめカラー

夏

クリア素材のバッグで夏らしさUP！

エレガントでさわやか！サマータイプ

あじさいの花のような、あわいソフトな色がよく似合うよ。アクセサリーはシルバー系をつけるとやさしい印象になるのでおすすめ。

POINT.1

トップスは白がまざったパステルカラーや少しくすんだスモーキーカラーだと肌の色の白さがいっそう引き立つよ。

POINT.2

ボトムスはすっきりめのパンツでメリハリをつけてみてね。

POINT.3

足元は夏っぽさ全開のくつでキメちゃお！

おすすめカラー

秋（あき）

POINT.1
秋色（あきいろ）レッドの太（ふと）めのカチューシャで
コーデ全体（ぜんたい）をまとめてみて。

深（ふか）みのあるブラウンのジャンパースカートで
大人（おとな）っぽさUP（アップ）！

シックで大人（おとな）っぽい！
オータムタイプ

秋（あき）の紅葉（こうよう）を感（かん）じさせる、あたた
かみがあって深（ふか）めの色（いろ）がお似合（にあ）
いだよ。マスタードやカーキな
どナチュラルな色（いろ）を使（つか）うと落（お）ち
着（つ）きのある印象（いんしょう）に☆

POINT.2
バッグも全体（ぜんたい）カラーに
合（あ）わせて暖色系（だんしょくけい）に！

POINT.3
地味（じみ）カラーでも
ミニ丈（たけ）のスカートが
かわいい❤

おすすめカラー

冬（ふゆ）

シックコーデでも
ビタミンカラーをアクセントに！

クールでかっこいい！ ウィンタータイプ

真っ赤やロイヤルブルーなど、にごりのないはっきりとしたカラーや、モノトーンカラーがおすすめ。顔のパーツがグッと引き立ち、スタイリッシュでクールな印象に。

POINT.1

アクセサリーは雪のような
シルバーカラーがGood！

POINT.2

ビビッドカラーの小物をアクセントに
全体を仕上げてかっこよく！

POINT.3

スキニーパンツでトップスと
メリハリをつけてみて。

HAPi

おすすめカラー

いつもの ケア で 自信をつけよう!

自分に自信をつけるには、見た目を意識するのも近道。ここでは
ふだんの生活の中で、自信につながるケアを紹介するよ。

キレイな髪で自信をつける!

髪を洗う前

髪をていねいにブラッシングする

髪を洗う前に、ブラッシングをしよう。髪のからまり
がほどけて、ほとんどのよごれがとれるよ。ブラシは
❶毛先▶❷真ん中▶❸トップの順でとかしてね。

よくすすぐ

髪を洗うとき

シャンプーをつける
前にしっかりとぬる
ま湯で予洗いをしよ
う。目安は1～3分ほ
ど。シャンプーも泡
立ちやすくなるよ。

シャンプーは泡立てる

シャンプーは水分
をくわえながら、手
のひらで泡立てよ
う。ゴシゴシしなくて
すむので髪の毛のダ
メージを減らせるよ。

髪を洗ったあと

しっかりかわかす

髪を洗ったら必ずかわかそう。ドライヤー
を使って、根元からかわかすよ。髪の毛か
ら15～20cmはなしてかわかしてね。

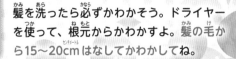

キレイな座り方

座っているときも美しく！

頭
上に引っぱられているように首から後頭部はまっすぐのばす。

ひざ
両ひざはくっつけて、つま先は真正面に向ける。

背中・腰
ねこ背になったり、そらしたりしないように意識する。

おしり
重心が真ん中になるように。どちらかに体重がかからないように注意する。

キレイな姿勢を身につけていつでもポジティブに！

正しい姿勢

あごを軽く引く
あごが出るとねこ背になるよ。

肩をひらく
肩が左右どちらかにかたむいたり、内側に丸まったりしないようにしよう。

腰
地面からまっすぐのびているように。おしりの穴をキュッとしめるイメージ。

ひざ
両ひざの内側がくっつくように意識しよう。

足
両足に同じくらい体重がのるようにしてみて。

自分のいいところをのばすコツ

長所をのばして心をレベルアップ！　いいところをのばせばもっと
自分をスキになれて、まわりの人もハッピーに♥

あなたにもあるいいところ！

「明るい」「行動力がある」「どんなこともあきらめない」など、長所は
だれにでもあるもの。自分でよくわからなければ、おうちの人や友だ
ちにも聞いてみよう。身近な人は、あなたよりあなたのことを知って
いるかも！

あなたの長所をのばす方法

落ち込んでいる友だちをはげましてみよう！ あなたの明るさに心が救われる友だちもいるはずだよ。

ボランティアのゴミ拾いに参加してみよう！ 自分の住む地域がキレイになって、たくさんの人に感謝されるよ。

クラス委員やグループのリーダーになろう！ 責任感のあるあなたは、みんなからたよられるはずだよ。

あなたの長所 ♪

人を楽しませるのが大スキ！

几帳面でキレイ好き！

集合 5分前！

時間は必ず守る！

あこがれの自分になろう！

これから自分がどんな人になりたいか考えて、
ステキ女子に一歩ずつ近づいてみよう！

どんな自分になりたい？

あなたが将来どんな人になりたいかを考えてみよう。だれにでもやさしい人になりたい？　だれからも好かれる人になりたい？　どんな人になるか、あこがれの自分になれるかはあなたの心がけ次第だよ。まずは身近なところからはじめてみよう。思いきりキラキラな未来の自分を想像してみて！

いつも笑顔！

しっかり者！

やさしい！

清潔感がある！

あこがれの自分を想像しよう！

だれにでもやさしい人になりたい！

家族や友だちなど、身近な人に親切にしてみよう。ささいなことでも、相手の気持ちになって考えることがおすすめ。ただ、おせっかいになりすぎないように気をつけよう。

ありがとう

手伝うよ！

ひと言アドバイス

どうすればいいか迷ったときは、だまって見守ることもやさしさのひとつだよ。

あこがれのアノ人を研究しよう！

話を聞いてくれる！

心配してくれる！

いつも笑顔！

○○さん ○○ちゃん みたいになりたい！

あこがれている先生や友だちがいたら、その人のことを観察してみよう。自分にはないものが見えてくるはず。ぜんぶを真似するのではなく、自分が真似できそうなことを取り入れてみよう。

ひと言アドバイス

なんでも人の真似をするのはNG。あなたらしさを忘れずに！

「わたし」のプロフィールを作ってみよう！

プロフィールをまとめてみると自分のことがよくわかって、
目標や計画が立てやすくなるよ！

Haruhi's Profile
はるひのプロフィール

名前 中野春陽

ニックネーム はるる

誕生日 平成21年　　4月　　10日

星座 おひつじ座 　　　**血液型** A型

趣味
マンガを読むこと

特技
マンガを速く読むこと

長所
おっとり、天然系

短所
すぐ泣く

これからやってみたいこと
絵を習う！

これからがんばりたいこと
ドッジボールが
うまくなりたい！

72

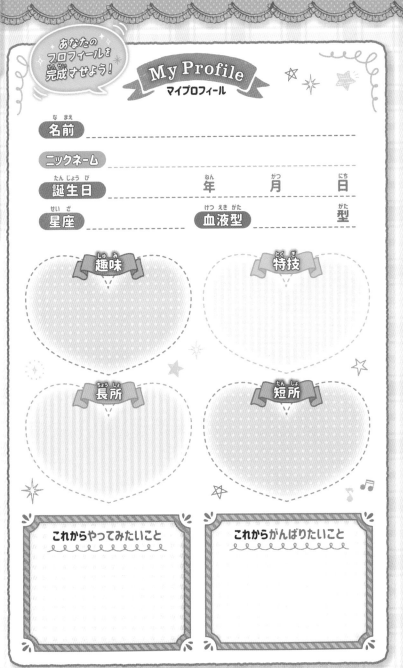

わたし自分のことがよくわかって、なんだかスキになってきたかも！

もっと自分のいいところを大切にしたいな

春陽さんはおだやかでいっしょにいる人がホッとするような温かさがあるよね

先生、春陽さんのそういうところとってもスキだよ

すくっ

…うれしい！

なんか元気で出てきたよ！

第2章 気持ちのコントロールでハッピーに♪

ふだんの生活の中でイライラしたり、悲しくなったり
マイナスの気持ちになることも多いよね!
気持ちを知れば、もっと前向きになれるよ!

なんか安心した…

なるよ！イライラだけに限らないけれど

みんながそれぞれいろいろな気持ちをもっているんだよ

先生でもそんな気持ちになるんだ！

くす

みんながもっているいろいろな気持ちについて見てみようか

良かったー

ほっ

みんなの心の中にある！
「気持ち」ってなんだろう？

なにかできごとが起きたときに、心にうかんでくる感情を
「気持ち」というよ。あなたの中にはどんな気持ちがあるかな？

友だちに
誕生日を
お祝いしてもらった！

家族で海に
遊びに行った！

こんなとき、あなたなら
どんな気持ちになるかな？
考えてみてね

クラスの男子に
スキって言われた！

リレーで
負けちゃった

楽しみにしていた
プリンをほかの人に
食べられた！

バレエの
発表会で
失敗しちゃった

見てみよう！ いろいろな「気持ち」

楽しかったり、うれしかったりするプラスの気持ちも、悲しかったり、不安になったりするマイナスの気持ちも、どちらも大切なあなたの気持ちだよ。

それぞれの気持ちについて見てみよう

いろいろな気持ちについて知り、そのときの自分の状況と照らし合わせて考えることで、自分の気持ちをまわりに伝えやすくなるよ。

プラスの気持ち

楽しい

みんなでおしゃべりをしたり、家族で旅行をしたりすると、自然と笑顔になって心がウキウキするよね。そういう気持ちを「楽しい」というよ。楽しいときは、その気持ちを言葉にしてまわりに伝えてみよう。

うれしい

がんばったことをだれかに認めてもらえたり、自分の望みがかなったりしたときには「うれしい」気持ちになるよね。うれしい気持ちは、やる気や、自分への自信につながるよ！

わくわく

自分が楽しいと思えることや、スキなことをしているときの、よろこびや期待で胸が高鳴るような気持ちを「わくわくする」というよ。わくわくする気持ちを大切に、いろいろなことにチャレンジしよう。

思わず笑ってしまったときの気持ちや、興味をもったことをもっと調べてみたいという気持ちを「おもしろい」というよ。「おもしろい」という気持ちは、なにかに対する興味から生まれることもあれば、自分で行動を起こすことで生まれることもあるよ。

おもしろい

ハッピー

おいしいものを食べたときや、大スキなペットとふれ合ったとき、心の中が温かくなるような気持ちが「ハッピー」だよ。ハッピーな気持ちになると、心がリラックスして、自然と笑顔が増えるよね。

スキな人と目が合うと、心臓が「ドキドキ」するよね。ほかにも、びっくりしたり、こわいと感じたときにも「ドキドキ」することがあるよ。

ドキドキ

いかり

マイナスの気持ち

うまくいかないことがあったり、だれかにバカにされたときに感じる気持ちが「いかり」だよ。いかりが爆発すると、だれかを傷つけてしまったり、自分がつらい気持ちになったりするから、いかりをコントロールできるようになろう。▶101ページを見てね。

大切な人やものを失ったときや、だれかにひどいことを言われたとき、つらいできごとが起きたときなどに感じる気持ちが「悲しみ」だよ。悲しいと感じたら、自分ひとりでため込まずに、だれかに話を聞いてもらったり、スキなことをしたりして心を落ち着かせてみて。▶96〜99ページを見てね。

悲しみ

主役

不安

テストや発表会の前など、新しいことにチャレンジするときに感じる心配で落ち着かない気持ちを「不安」というよ。不安で心がいっぱいになるときは、腹式呼吸をしてみたり、自分がどうして不安なのか原因を考えてノートに書き出したりすると、気持ちが落ち着くよ。▶107ページを見てね。

努力を認めてもらえなかったり、がんばったのにいい結果が出なかったりしたとき、はらが立って涙が出ることがあるよね。そういう気持ちを「くやしさ」というよ。くやしい気持ちになることは悪いことではなくて、自分を成長させるきっかけにもなるよ。▶105ページを見てね。

くやしさ

嫉妬

まわりの人と自分を比べてしまって、うらやましさを感じるとき、イヤな気持ちになったりするよね。そういう気持ちを「嫉妬」というよ。「嫉妬」を感じたときは、人のいいところを真似してみよう。

▶109ページを見てね。

きんちょう

はじめて会う人と話すときや、人前でなにかをするときに感じる気持ちが「きんちょう」だよ。きんちょうで頭が真っ白になってしまったり、おなかが痛くなってしまったりすることもあるよね。そんなときは、落ち着いて「自分は大丈夫」と思うことが大切だよ。

イライラ

思い通りにならないときや、あせってしまって心が落ち着かなかったりしたときに、まわりや自分にはらが立ってしまうことを「イライラ」というよ。イライラすると、まわりが見えなくなってしまい、よけいにうまくいかなくなってしまうことも…。まずは、イライラへの対処法を覚えよう。

▶101〜103ページを見てね。

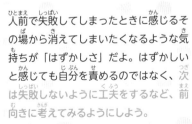

はずかしさ

5+5＝1

人前で失敗してしまったときに感じるその場から消えてしまいたくなるような気持ちが「はずかしさ」だよ。はずかしいと感じても自分を責めるのではなく、次は失敗しないように工夫をするなど、前向きに考えてみるようにしよう。

みんなの「ハッピーストーリー」

うれしかったり、楽しかったり…みんなはどんなときにハッピーな
気持ちになるのかな？　みんなの日記を見てみよう！

怜央の日記

5月25日

みんなで猛特訓していどんだ、大な
わ大会であたしのクラスが優勝した!!
はじめは大なわができない子もいたけ
ど、練習して上手になってよかったなー。

うれしい

すごーい!!

> みんなでいっしょにがんばって
> 優勝できてすごくうれしかった!!
> クラスの友だちからも「教えてくれて
> ありがとう」って言われちゃった！

みんなはどう思ったかな？

> 最初は上手に
> とべなかったけど、
> 怜央ちゃんが
> 教えてくれたおかげで、
> うまくできるようになって
> うれしかったよ！

> 失敗して、
> みんなに迷惑を
> かけちゃって落ち込んでいたら、
> 怜央がはげまして
> くれたんだ。すごく
> うれしかったな！

まひるの日記

7月30日

林間学校に行った。みんなでテントをはって、夜ごはんにはカレーを作った。夜はないしょのガールズトークで盛り上がった!

楽しい

いっしょにごはんを作って食べたりないしょ話をしたり、とっても楽しくて、みんなともっと仲良くなれた気がしたよ!

みんなはどう思ったかな?

料理ってあんまり得意じゃないから失敗しないか心配だったけど、みんなといっしょだったからおいしくできたし楽しかった!

家族とはなれておとまりするのは少し不安だったけど、みんなとおしゃべりしたら、すっかり忘れて楽しめたんだ!

春陽の日記

おもしろい

10月7日

みんなといっしょにお笑いライブを見に行った。もうずーっと大笑い！笑いつかれちゃうくらい笑ったよー。

じつはテストの点が悪くて落ち込んでいたんだけど、おもしろくって大笑いしたらなんだか元気が出てきて、明日から勉強がんばろうって思えたんだ！

みんなはどう思ったかな？

芸人さんはたくさんネタを考えて、みんなを笑わせるためにがんばってるって知って、おもしろいなって思ったよ

芸人さんのネタよりも、大笑いする春陽を見ている方がおもしろかったよ。こっちまで元気になっちゃった！

どんなことでハッピーな気持ちを感じるかは人それぞれなの。自分のハッピーもまわりの人のハッピーも大切にしていこうね

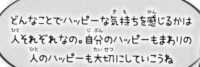

92

すみれの日記

わくわく

9月18日

まひるといっしょに科学教室に行ってきた。学校にはない道具を使って大きなシャボン玉を作ったー！！

学校で習ってないことを勉強できてわくわくした！科学についてもっと知りたい！

理科って苦手だったけど、実験は料理みたいでわくわくしたよ！

つみきの日記

ハッピー

3月5日

大スキなマンガをいっき読みした！何回読んでもいい話で、なんだかイヤなことも忘れちゃった。

とことんスキなことだけしてハッピーな気分。明日からも学校がんばろうって前向きになれたよ

つみきはおうちですごすときがハッピーなんだね。あたしとは反対だけど、ハッピーな気持ちはいっしょだね！

毎日をハッピーに！
「プラスの気持ち」を増やそう

プラスの気持ちがたくさんあると心が元気になるね。自分の心を元気に
できるように、プラスの気持ちの増やし方を考えてみよう。

① 身のまわりのハッピーを探してみよう

大きなハッピーだけじゃなくて、毎日の生活の中にある小さな
ハッピーに気がつけたら、幸せを感じる瞬間が増えるね！

通学途中に
かわいいねこを
見つけた

おやつが
大好物の
ホットケーキだった

スキな
アイドルがテレビに
出ていた

大切に育てた
チューリップが
さいた

ちょっとしたことでも、ハッピーだって
思うようにしたら、なんだか前向きに
考えられるようになったよ！

94

② 得意なことやスキなことをしてみる

ときには、苦手なことは忘れて、得意なことやスキなことだけしてもいいよ。得意なことをすれば、自信をとりもどすことができるし、スキなことをすればリフレッシュにもつながるよ！

たまには
得意なことだけ
やってもいいんだね！
気持ちがすっきりした！

③ 家族や友だちと仲良くする

家族やペット、友だちと仲良くし、ゆったりとした時間をすごすと心が落ち着いて、人にやさしくできるようになるよ。

大スキなペットのモカと
思いっきり遊んで
スキンシップしたら、
やさしい気持ちになれたよ

いつもの生活の中でも、自分が
心地よくいられる時間をもつことで
プラスの気持ちを増やせるよ

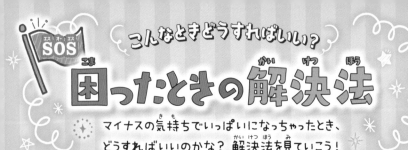

困ったときの解決法

マイナスの気持ちでいっぱいになっちゃったとき、
どうすればいいのかな？　解決法を見ていこう！

悲しいとき・落ち込んでしまったとき

あるできごとがきっかけで、心が痛み、泣きたくなるのが「悲しい」という気持ちだよ。悲しくて落ち込んでしまう瞬間は、例えば次のようなものがあるよ。

ものごとが
うまくいかないとき、
失敗してしまったとき

大切な人と別れたとき

人の発言や
冷たい視線などに
傷ついたとき

悲しんだり落ち込んだりすることは
だれにでもあるし、さけては通れないもの。でも、
いつまでも悲しい気持ちでいつづけるのはつらいし、
あなた自身がかわいそうだよね。自分の気持ちを
うまく救い出す方法を、いっしょに見ていこう！

悲しいとき・落ち込んでしまったときはこうしよう！

ひとりでため込まない

悲しい気持ちをひとりでかかえ込んでしまわないで、家族や信頼できる友だちに話してみよう。問題が解決しなくても、話すだけで気持ちがすっきりしたり、前向きになったり、人からもらうはげましの言葉で心が軽くなったりすることもあるよ。

がまんせずに泣く

泣きたい気持ちがあるときは、がまんせずに思いきり泣こう。涙を流すことでストレス発散にもなるし、すっきりすることもあるよ。

ときめくものにふれる

キレイな景色を見たり、スキなぬいぐるみやお花を部屋にかざったり。キレイなものやかわいいものなど、自分がときめくものにふれると、心がいやされて元気が出るよ。

体を動かすこともいいリフレッシュ法だよね！次のページでくわしく見てみよう！

わたしは筋トレをして悲しいことを頭から追い出しちゃう！

運動やストレッチでリフレッシュ

部屋の中でじっとして、悲しいことをぐるぐる考えつづけるより、運動したりストレッチしたり、体を動かした方が気分がすっきりするよ。休み時間に友だちと外でボール遊びをしたり、家でできるストレッチをしたりしてもいいね。楽しく運動すれば、悲しいことも忘れられるかも。家の近くを散歩するのもGOOD！

悲しみが汗といっしょに
流れていく気がする！

やってみよう！
スキな音楽でダンス！

あなたのお気に入りの音楽に合わせて、ダンスをするのも楽しいよ。

ちゃんとしたダンスでなくても、その場で考えたオリジナルのダンスでOKだよ！

細かいことは気にせずに、音楽に合わせて、スキにおどってみよう。

まわりの目を
気にせずダンス！

おふろにゆっくりつかる

おふろにつかると、体が芯から温まり、リラックス効果があるよ。シャワーですまさず、湯船にじっくりつかろう。気持ちが落ち着くし、つかれがとれたり汗がたくさん出たりして体にもいいよ。体が温まると、ぐっすりねむれる効果も。

お気に入りの香りの入浴剤を入れるのもおすすめ！

やってみよう！ おふろの入り方ポイント

よりリラックス効果の高いおふろの入り方のポイントを見てみよう。

ポイント❶ 食後30分空けて入る

食後は消化器官が働いているため、食後すぐにおふろに入っても、体をしっかり休めることができないよ。体に負担がかからないように、食後30分は空けてから入ろう。

ポイント❷ ぬるめのお湯につかる

のぼせないように注意！

お湯が熱すぎると、体がリラックスできないよ。お湯の温度は、38～40度くらいに設定しよう。

ポイント❸ 20分程度つかる

じっくりお湯につかると、血のめぐりが良くなり、ぐっすりねむれるよ。

イライラしてしまったとき

人やものごとに対してはらが立ったり、気持ちがとげとげしたりするのが「イライラ」だよ。イライラしてしまう瞬間は、例えば次のようなものがあるよ。

ものごとが思い通りにいかないとき

運動したのに全然体重減ってない～！

プレッシャーを感じているとき

次のテストでは絶対80点以上とらなきゃ…

つかれたとき、体調が悪いとき

ゴホ　ゴホ

イヤなことを言われたりされたりしたとき

イライラするとみけんにしわが寄ってかわいくなーい！

自分がイライラしていると、まわりの人にイライラがうつっちゃうことも。イライラを退治する方法を見てみよう！

イライラしてしまったときはこうしよう!

その場をはなれる

いっしょにいる家族や友だちにイライラしてしまったら、その場をはなれるなど、イライラの元から遠ざかってみるといいよ。心が落ち着いて、イライラがだんだんうすれていくはず。

ちょっとトイレ行ってくるね

楽しいことを考える

おもしろかったテレビの内容を思い出したり、楽しかった旅行の思い出をふりかえったり、スキな曲を心の中で歌ったり、楽しいことで頭をいっぱいにしよう。楽しみにしている予定がある人は、そのことを考えるようにするのもいいね。イライラをウキウキに変えちゃおう。

6秒数える

イライラのピークは6秒といわれているよ。この6秒をがまんすれば、イライラは落ち着くよ。イライラを感じたら、心の中でゆっくり6秒数えるようにしよう。

1 ‥‥‥ 2 ‥‥‥ 3 ‥‥‥ 4 ‥‥‥ 5 ‥‥‥ 6

ほかにもこんな方法があるよ

- ◆鏡に向かって笑顔を作る
- ◆おいしいものを食べる
- ◆スキなことをする
- ◆人にグチる
- ◆体を動かす
- ◆大声でさけぶ

そのイライラ、すいみん不足のせいかも！

イライラの原因のひとつとして、すいみん不足があげられるよ。夜ふかししてすいみん時間が足りていないと、イライラしたりおこりっぽくなったりしてしまうんだ。毎日ハッピーにすごすためにも、十分なすいみんをとることが大切だよ。

テレビやゲーム、マンガにスマホ…
いろいろと誘惑が多くて、ついつい寝るのが
おそくなっちゃうんだよね〜

わかるー。
時間が足りないよね

ふとんに入ってもなかなか
寝つけないんだよねえ

すいみん不足になると、ほかにも、頭痛がしたり、体がだるくなったり、肌が荒れてしまったり、背がのびなかったりと、体調にも見た目にも悪い影響が出てしまうよ。心も体も健康でいるために、すいみんはしっかりとること！

すいみん不足を解消！

寝る前の習慣を決める

寝る前に音楽をきいたり、ストレッチをしたり、寝る直前にすることを決めておこう。毎日つづけているうちに、「これをするとねむるんだな」と体が覚えて、すいみんモードになりやすくなるよ。寝る直前にスマホやパソコンを見るのはやめよう。スマホやパソコンからは「ブルーライト」という光が出ていて、これを目にするとねむりにくくなってしまうよ。

★寝る前に読書！

ぐっすりねむれるストレッチをする

ストレッチをすると体がほぐれ、リラックスできてぐっすりねむれるよ。

やってみよう！

寝る前の背のびストレッチ

1 あお向けになって、両手を上にあげる。

2 両手を上に、両足を下にゆっくりとのばす。

◀ ‥‥‥ 30秒キープ！ ‥‥‥ ▶

温かい飲み物を飲む

ポカ　ポカ

体が温まり、そのあと体温が下がりはじめるときにねむくなるので、温かい飲み物で体を温めよう。白湯やホットミルクなどがおすすめ。飲みすぎるとトイレに行きたくなって夜中に目が覚めてしまうこともあるので、カップ1杯分の量にしておこう。コーヒーや紅茶、緑茶などは、ねむりにくくなる「カフェイン」がふくまれているので、夕方以降は飲むのをさけてね。

くやしい・とき

「くやしい」とは、失敗して、あきらめがつかなかったり、はらが立ったりする気持ちのこと。くやしい気持ちになる瞬間は、例えば次のようなものがあるよ。

勝負に負けたとき

がんばったのにうまくいかなかったとき

ちょっと熱っぽいな…

あっ失敗しちゃった！

力が出し切れなかったとき

絵画コンクール
金
銀
佐久間つみき

人と比べて相手の方が力が上だったとき

うまくいかなくてくやしい気持ちになるのは、あなたがものごとに本気で取り組んだしょうこ。くやしさをバネにしてねばり強く努力をつづけたら、もっともっと成長できるし、あなたの力になるよ！

くやしいときはこうしよう!

分析と対策で力をつける!

分析とは、ものごとをひとつひとつじっくり考えたり、観察したりして、調べること。くやしかったできごとを分析すると、次にどうすればいいのかが見えてくるよ!

例えば、こんなふうに分析してみよう

ノートに書き出すとGOOD!

バスケットボールの試合で負けちゃった…。

▶▶**負けた原因は?**

❶ 相手の守りが強くて、ドリブルで突破できなかった

❷ パスミスが多かった

❸ シュートをたくさん打ったけれど、決まった回数が少なかった

次に、対策を考えてみよう

▶▶**負けた原因となったことを克服するには、どうする?**

❶の対策➡ドリブルをもっと練習する!

❷の対策➡チームで声をかけ合って、積極的にパスを求めたり、相手のマークをふりきってパスを受けとれるように練習したりする。

❸の対策➡いろいろな角度や距離からのシュートを練習して、決定率を上げる。

リベンジしよう!

分析と対策ができたら、リベンジしてみよう。学校や塾のテスト、スポーツの試合、音楽や絵のコンクール……。リベンジのチャンスがあれば、ぜひ取り組んでみてね。あなたの努力次第できっと実を結ぶはず! リベンジのチャンスがないときでも、別のものごとに取り組むときに、経験をいかせるよ。

今回は絶対100点とるぞおおおお!!

テスト中は静かにね

まひろさん

不安になってしまったとき

ものごとが気になって落ち着かず、心配になってしまう気持ちのことを「不安」というよ。不安を感じる瞬間は、例えば次のようなものがあるよ。

怜央にさけられてる気がする…

悩みがあるとき

むずかしいことや、はじめてのことに挑戦するとき

わたしにはムリだよ〜

合唱コンクールの伴奏なんて

自分に自信がないとき

わたしのせいで負けたらどうしよう…

悪い結果を想像してしまったとき

不安や、不安からくるきんちょうのせいで、ストレスがたまってしまうこともよくあるよ。不安な気持ちでいつづけると、心だけでなく体にも負担がかかってしまうの

不安になってしまったときはこうしよう！

腹式呼吸をする

不安な気持ちになったり、きんちょうしたりしているとき、呼吸が浅くなってしまうことがあるよ。おなかを使った「腹式呼吸」をして、心を落ち着けよう。

腹式呼吸のやり方

1 おなかに手を当てて、心の中で「1、2」と数えながら、ゆっくりと鼻から息を吸う。

2 「3、4、5、6」と数えながら、ゆっくりと口から息を吐く。

> おなかがふくらんだら成功！

> 今度はおなかがへこむよ

> さあくまさん、あたしといっしょにおどりましょう

くりかえし練習をする

むずかしいことや苦手なことにチャレンジしようとして不安になるときは、何度も練習しよう。「こんなに練習したんだから、大丈夫！」と思えたら、自分に自信をもつことができて、不安な気持ちもなくなるよ。

> 友だちや家族に、練習に付き合ってもらってもいいね！

不安な気持ちを話してみる

「友だちにさけられているかも」「仲間はずれにされている気がする」など、友だち関係で不安になってしまったときは、自分の中だけであれこれ想像していると、よけい不安になってしまうよ。別の友だちや家族に、その気持ちを話してみよう。

嫉妬してしまったとき

「嫉妬」とは、人に対してうらやましく思ったり、ねたましく感じたりする気持ちのことだよ。嫉妬を感じる瞬間は、例えば次のようなものがあるよ。

自分よりすぐれている人を前にしたとき

春陽のクッキーかわいい!

エヘヘ

スゴーイ!

見てー!このヘアアクセお母さんに買ってもらったんだ

いいなあ…

わたしたちにこいち!

自分にないものを人が持っているとき

スキな人の気持ちが別の人に向いているとき

嫉妬の気持ちがイヤで、自分をキライになってしまったら悲しいね。嫉妬とうまく付き合っていく方法を考えてみよう!

嫉妬してしまったときはこうしよう！

自分のいいところを書き出す

嫉妬の元は、人をうらやましく思う気持ち。自分のいいところを再確認できれば、うらやましく思う気持ちが和らぐよ。ノートに、自分のいいところやスキなところを書き出そう。嫉妬の気持ちでいっぱいになってしまったときは、そのノートを見かえせば、「わたしには○○ちゃんとは違ったいいところがたくさんある！」と、自分自身をスキになれて、気持ちが楽になるはず。

いいところがあった！

こんなにたくさん

春陽っていつもニコニコしてる…よし、わたしも！

人のいいところを真似する

嫉妬してしまった相手の「いいな」「すごいな」と思ったところを真似してみよう。

自分のいいところをのばす

だれかを「うらやましいな」と思っても、自分の力では同じようになれない、できないこともあるよね。そんなときは、自分のいいところをもっとのばすようにしよう（自分のいいところについては24・25ページを見てね）。自分のことをスキになったり、「○○ちゃんもすごいけど、わたしもすごい！」と思えるようになることが、嫉妬の気持ちを和らげるヒケツだよ。

自分を認めてあげることが大切なんだね！

気分が上がらないとき

どうしても元気が出なかったり、気分が上がらなかったりするときってあるよね。気分が上がらない原因には、さまざまなものがあるよ。

環境の変化

 新しいクラス

生理前・生理中

なんか
だる〜い

スキなマンガが
今月で
連載終了!?

体調が良くない

ショックなこと
があった

心と体は密接につながっていて、
ちょっとした体調の変化が、心に
大きな影響をもたらすことがあるよ

気分が上がらないときはこうしよう！

楽しい音楽をきく

アップテンポなノリノリの音楽をきいてみよう。自然と気分が上がるよ。音楽に合わせてダンスをしたり、歌ったりするのもGOOD！

イエーイ
のってきた～！！

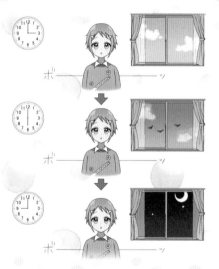

ボーッ

のんびりする

ベッドでゴロゴロしたり、家の近所をゆっくり散歩したり、公園のベンチでひなたぼっこをしたり、なにもせずにボーッとしたり、のんびりすごしてみよう。ときにはなにも考えない、なにもしない時間を作ることも大切だよ。心を休けいさせてあげてね。

やりたいことの計画を立てる

心をわくわくさせるには、楽しいことを考えるのが一番。やってみたいこと、行ってみたい場所があれば、計画を立ててみよう。友だちと遊ぶ日を決めてもいいね。楽しい予定が待っていることを考えると、テンションが上がるはず！

大人になったら
海外旅行をする！など、
ずっと先の未来の
ことでもいいよ！

前向きなわたしに！
「気持ち」をコントロールしよう！

マイナスの気持ちになってしまったとき、どうすればいいのかな。
気持ちを上げる方法を紹介するので、参考にしてみてね！

5つのカギ で気持ちを楽に

悲しいことやイライラすることがあると、なにもしたくなくなって、自分の
からに閉じこもっちゃったりしていないかな？　次の5つのカギで、あなた
の心のとびらを開けてみよう。気持ちが楽になるはずだよ！

① ひとりですごす

マイナスの気持ちになってしまったとき、「だれとも話したくない！」
と思うことはだれにでもあるもの。そんなときは、ムリしてだれかと
いっしょにいなくてもOK。ひとりの時間は、心を休ませるチャンス
だよ。ひとりの時間を上手にすごして、リラックスしよう。

例えば、こんなすごし方

学校で
♥ 自分の席で本を読む
♥ スキな場所でのんびりする
♥ 校内をお散歩

家で
♥ 寝る
♥ ストレッチをする
♥ なにも考えずにボーッとする
♥ 楽しい動画やテレビを見る

中庭のベンチで
ひなたぼっこすると
落ち着くんだ！

春陽の場合

② スキなことをする

スキなことをしていると、楽しい気持ちになるよね。わくわくする気持ちは、ものごとを前向きに考えられるようにしてくれるよ。スキなことに夢中になっていると、マイナスの気持ちもいつの間にかどこかに飛んでいってしまうはず。

例えば、こんなすごし方

- ♥ 音楽をきく　♥ 映画を見る
- ♥ 絵をかく　♥ 運動をする
- ♥ 本や雑誌、マンガを読む
- ♥ ゲームをする
- ♥ ひとりファッションショーをする
- ♥ ペットと遊ぶ

すみれの場合

道端に咲くかれんな花…

それはすみれ　わたしも世界にたったひとつの花

ポエムを書く時間がスキなの…

③ 人と話す

マイナスの気持ちをかかえているのがつらいときは、人に話すとすっきりするよ（くわしくは、58ページを見てね）。また、くだらない話をして笑うのも◎。家族や友だちとのなにげない会話が、あなたの心を軽くしてくれることもあるよ。たくさん笑うと心も元気になって、悲しいことやイライラも「まあいっか！」と思えるようになるかも。

怜央の場合

昨日、道でバナナの皮ふんじゃってさーアイススケートみたいに3mくらいすべったわ

失敗談は笑い話にして持ちネタにするよ！

④ 規則正しい生活をする

ふだんの生活習慣を見なおしてみよう。夜おそくまで起きていていつも寝不足、なんて生活を送っていないかな？　寝不足になると、頭も体もつかれてしまい、よけいに気持ちが落ち込んでしまうよ。マイナスの気持ちで頭がいっぱいになり、なかなか寝つけない…というときは、昼間に体をしっかり動かそう。適度に体をつかれさせると、ぐっすりねむれて、気分もすっきりするよ（103ページも読んでみてね）。

くぅっ　すぅり

生活習慣チェックリスト

ふだんのあなたの生活をふりかえって、あてはまるものに☑をつけてね。

☐ 夜10時以降に寝る日が、週に3日以上ある。

☐ ふとんに入っても、なかなか寝つけない。

☐ 朝ねぼうすることが多い。

☐ 朝ごはんを食べる時間をとれない日が週に3日以上ある。

☐ 学校で授業を受けているとき、
　　ねむくて集中できないことがある。

✓がついた項目が
多いほどキケン！
✓ゼロを目指そうね

⑤ 食生活を見なおす

食事は、体を動かすエネルギーになるもの。3食しっかり食べていないと、栄養が足りなくなるよ。栄養が足りないと、気持ちが落ち込むだけでなく、体の調子が悪くなったり、肌がボロボロになったり、集中力がなくなったりと、さまざまな問題が起きてしまうよ。バランスのとれた食事を3食とって、心も体も元気に保とう！

やってみよう！ 簡単手作りおやつ

あまくておいしい マシュマロチョコムース

バランスのとれた食事も大切だけど…たまにはおやつでリフレッシュしてもいいね！

材料（3人分） ◆ 板チョコ…1枚 ◆ マシュマロ…100g ◆ 牛乳…200cc

---

1 板チョコをくだく。

2 なべに牛乳を入れて温める。温まったら、マシュマロを入れてとかす。

やけどに注意！

3 ②にチョコをくわえてとかす。

4 容器に流し入れ、冷蔵庫で2時間以上冷やし固める。

やけどに注意！

できあがり！

生クリームやココアパウダーをトッピングするとおいしいよ！

※火を使うときはおうちの人に見てもらってね。

「スキなもの集め」をしよう!

スキなものを見たり、ふれたりしているときって、ハッピーな気持ちになるよね。
スキなものを集めて、マイナスの気持ちをふき飛ばそう。

スキなものを「気持ちを落ち着けるアイテム」に!

悲しいとき、落ち込んでしまったとき、イライラしたときでも、スキなものを目にすると、気持ちが和らぐよね。自分のスキなものを、気持ちを落ち着かせるための魔法のアイテムにしちゃおう。スキなものを、いつでも目に入るところに置いておくようにするといいよ。お守りのように持ち歩いても OK。悲しみやいかりなど、マイナスの気持ちで心がいっぱいになってしまったときには、スキなものを見たりさわったりして、気持ちを落ち着けるくせをつけよう。

イライラしていても…　　スキなものを見ると　　ハッピーに!

ぷんすか

わたしは香りつき消しゴムをいつもペンケースに入れてるよ! スキな香りでリラックスできるんだ♪

ぬいぐるみなど、学校に持っていってはいけないものは自分の家だけで使ってね

116

スキなものノートを作ろう

スキなものをたくさん集めた「スキなものノート」を作ってみよう。マイナスの気持ちになってしまったときに見かえすと、気持ちが上がるはず!

ペットの写真

かわいいペットの写真をはっておくと、いつでもどこでもいやされるね!

欲しいものの写真

雑誌の切りぬきなどをはってもいいね。ステキなアイテムを見ると心がウキウキするよね!

春陽 へ

中身はヒミツ

つみき より

イラストやシール

自分でスキなイラストをかいたりシールをはったりしてもOK! あなたの気持ちが上がるものをなんでもつめこもう。

あこがれの人の写真

モデルや女優、アイドルなど、あこがれている人の写真をはるとモチベUP!

友だちからの手紙

友だちからもらった、うれしいメッセージや、楽しい気持ちになる手紙などをスクラップしてもいいね。

毎日コツコツ！
「日記」を書いてみよう！

夏休みの宿題や、学校の授業で日記を書いたことはあるかな？
日記は自分の気持ちを知るためにとても役立つよ。

日記は自分のための記録

日記は自分に起こったできごとや、そのときに感じた気持ちを記録するものだよ。
あとで見かえすことで、そのとき自分が考えていたことを知ることもできるよ。

> 日記を書いていれば、
> 1か月後でも、1年後でも、
> 10年後でも、自分の気持ちを
> ふりかえることができるよ

正直な気持ちを書こう

日記は人に見せるためのものではなくて、自分だけが見るもの。だから、いいことでも悪いことでも正直な気持ちを書いてみよう。多少、文章が間違っていても気にせずに、素直な気持ちを書き出すことが大切だよ。

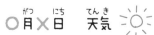

日記の書き方

○月×日　天気

今日は学校が終わったあと、○‥‥‥‥

> 今日あった
> できごとを書く。

みんなで遊んだ。

春陽が、わたしが図工の時間にかいた

絵をほめてくれてすごくうれしかった！○

> 自分がどう思ったか
> そのときの素直な
> 気持ちを書く。

家に帰ったら、お母さんがこの前の

テストのことでおこっていて、

うるさいなーと言ってしまった。

イライラしたけどちゃんとあやまらないとなあ…。

> 今日の気分を
> イラストや顔文字に
> してみてもいいね。

‥‥‥○ 今日の気持ち

> プラスの気持ちも
> マイナスの気持ちもじっくり観察して、
> 素直な気持ちを書いたよ

日記を書くとこんないいことがあるよ！

日記には、毎日の記録だけじゃなくて、自分の気持ちと向き合うことができる効果もあるよ。ほかにもいいことがたくさん！

1 自分の気持ちと向き合える

日記は、その日のできごとや自分の気持ちをふりかえりながら書くよね。書くことで、自分の中にかくれていた気持ちに気がついたり、気持ちの整理ができたりするよ。

2 自分の気持ちの変化がわかる

どんなときに自分がプラスの気持ちになるのか、反対にマイナスの気持ちになるのか、日記をつけていればあとで見かえして分析できるよ。

どんなことがイヤだったのか、なぜ悲しかったのか、落ち着いて考えるためにも日記は役に立つよ

120

こんなふうに日記を活用してみよう！

✚ プラスの気持ち

楽しかったことやうれしかったことをふりかえると、自信や、やる気アップにもつながって、前向きになれるよ。

すごいね！

もっとがんばるぞ！

ほめられてうれしかったときの日記を読みかえしたら、また勉強をがんばろうと思えたよ！

━ マイナスの気持ち

失敗したり、くやしかったりしたときのことをふりかえると、次にいかすことができるよ！

別に…

過去

ありがとう

今

冷たい言い方で友だちとケンカしそうになったことを日記に書いて反省したから、次はやさしい言い方ができたよ！

BAD（バッド） 暗黒日記を書いちゃった…

人の悪口ばっかり書いて「暗黒日記」になってるぞ！
心のきたなーいところが見え見えだな！

弟まじでうるさい…
少しは静かに
できないの…

男子に
ファッションを
バカにされた…
なんにもわかって
ないくせに！

Oh

宿題
むずかしすぎ…

あの子ばっかり
ほめられてずるい！

いつもぶりっ子
してるあの子が
ムカつくー！

お母さんいつも
ガミガミ
うるさい…

大丈夫！ 次のページを見てね。

GOOD 暗黒日記でも大丈夫！

マイナスの気持ちも正直に書くことで、自分の気持ちに向き合うことができるね。
すぐにはむずかしくても、あとで日記を見かえすことで、反省にもつながるよ。

反省…

お母さんの言ってること
正しかったな。
明日 もう少しちゃんと
話を聞こう

すっきり!!

書いているうちに
なんだかイライラが
おさまって
すっきりした！

日記を使って上手に気持ちをコントロールできれば、まわりの人や自分を傷つけてしまうことも減らせるよ。

こんな「気持ち」がわたしを育てる！

自分の中にあるいろいろな気持ちと上手に付き合えれば、
心が強くなったり、自分自身が成長できたりするよ。

マイナスの気持ちは成長のチャンス

くやしい気持ちがあると次はがんばろうと思えるし、嫉妬をバネにして自分を変えることもできるよ。考え方しだいで、自分を大きく成長させられるんだよ！

うらやましい…
ズルい
「うぅぅ」

なんでも完ぺきな
あの子がうらやましい…

すご——い

あの子のいいところを真似したら、
なんだか成長できた気がする！

プラスの気持ちが支えてくれる

ほめられてうれしかったときや
チャレンジして成功したときの
気持ちを大切にしよう。失敗
してしまったり、つまずいてし
まったりしたときに、きっとあ
なたを支えてくれるよ。

マイナスの気持ちに押しつぶされ
そうになってしまったときは、
思いっきりスキなことをしてリフレッシュ
しよう。明るく前向きに
考えるように心がけてみてね

第3章

大事にしよう みんなの気持ち

いつもいっしょにいる友だちや家族でも、
自分とは違う考えをもっているよ。
相手の気持ちを思いやって、もっと
ステキ女子を目指しちゃおう！

はなにを考えている？

違うように、心や頭の中で考えていることもひとりひとり違うよ。

ある日の授業中…

先生の説明が
速くて
追いつかない…

2800×1.1＝
え〜っと…

みんな

みんなの顔や体が

> このイラスト
> かわいい〜

> 今日天気
> いいな〜

> 怜央のヘアピン
> かわいいなぁ

> みんな本当に
> いろいろなこと
> 考えているね…

> 授業に
> 集中して！

違うって楽しい！
「違い」を認め合おう！

違うことは決して悪いことではないよ。
違うところがあるからこそ、いろいろなことが楽しく感じるの！

いろいろな人がいるよ！

算数が得意な子もいれば、体育が得意な子もいる。犬がスキな子や、ねこがスキな子、逆にねこが苦手な子…。得意なものやスキなものがそれぞれ違うのは、当然のこと。あなたがスキなものをみんながスキじゃないと言っても、おかしなことではないよ。違いがあるからこそ、いろいろな意見や考え方、価値観にふれることができるの。違いを知ることが、友だちを知ることの第一歩だよ！

価値観とは？
さまざまなものごとに対して、なにを大切にして決めているか、なにが良くてなにが悪いと思っているかという考え方のこと。

次はテストだから
復習しなくちゃ！

休み時間あって良かった…

休み時間なんて
いらないから早く
学校終わらないかなぁ

早く帰って本が読みたいわ

次はテストだけど
休み時間はドッジボールを
するって決めてるから
急がなきゃ！

ずっと休み時間ならいいのになぁ

違うことを否定しない！

相手が自分と違った意見をもっていても、否定するのはやめよう。同じものを見ても、感じ方は人それぞれ違うよ。まずは相手の言っていることに耳をかたむけよう。

ひと言アドバイス
相手の考えを受け入れることが、違いを認め合える第一歩！

カメが大スキ！

そうなんだ！どんなところがスキ？

価値観を押しつけない！

あまいの苦手なんだよなぁ〜

おすすめのチョコレート！とってもおいしいの！

自分のスキなものを、みんなもスキだとは限らないよ。スキなものやキライなものは人それぞれ。あなたの大スキなものは、だれかの大キライなものかもしれないよ。もちろん相手にムリに合わせる必要もないよ。

ひと言アドバイス
自分の考えや行動が世の中の基準だと思って他人に接することはやめよう。

違う意見を楽しもう！

自分とは違う意見や価値観は、あなたの人生の視野を広げてくれるよ。また、考え方が変わることもあるし、その変化からいろいろなアイディアが生まれることもあるかもしれないよ。

そんな考え方もあるのね…ステキ！

ひと言アドバイス
生まれた場所や育ってきた環境の違いも認め合おう。

違いを否定されちゃったら…

価値観を受け入れてくれる人もいれば、もちろんそうでない人もいるよ。でも気にしない！「そういう意見もあるんだ」「この人はこういう人なんだ」と考えてみて。人からどう思われても、自分のスキなもの、正しいと思うことは大切にしよう。

でもわたしは○○が大スキ！

家族や友だちの意見を聞こう！

いつもいっしょにいる家族や友だちはどんなことを考えたり、思ったりしているか聞いてみよう！　あなたとどう違うのか、家族と友だちはどう違うのか比べてみてね。

\\ スキな音楽は //
クラシック！

お母さん

\\ スキな音楽は //
K-POP！

友だち

ふたりの
スキな音楽が
全然違う！

♥ 質問例 ♥

理由も聞けるともっと違いがわかるかも！

Q.1 スキな映画は？

家族 _____ 👉 （理由）_____

友だち _____ 👉 （理由）_____

Q.2 スキな本は？

家族 _____ 👉 （理由）_____

友だち _____ 👉 （理由）_____

Q.3 たからものはなに？

家族 _____ 👉 （理由）_____

友だち _____ 👉 （理由）_____

困ったときの解決法

友だちと意見や価値観が違うことで、心がすれ違うこともあるよね。そんなときの解決法を見てみよう！

すれ違ってしまうのは仕方のないこと！

長い時間をともにすごしていると、共感できることも増えるけれど、その分、感覚の違いを感じて相手に思いやりがもてなくなることがあるかも。それは考え方や価値観が違うだけでなく、そのときのあなたや相手の気分、気持ちが違うことによるものかもしれないよ。一度のすれ違いで「相性が悪いんだ…」「きらわれているのかも…」と思い込まないようにしよう。

感情　感情

あなたが友だちとすれ違っていると感じるのは、
相手に寄りそおうとしているしょうこだよ！
いろいろな例と対策を見てみよう

すれ違ってしまったときはこうしよう！

相談1

3人で仲良しグループなのに、最近ほかのふたりがわたしをはずして遊んだり、わたしの知らない話題で盛り上がっていたりしています。

アドバイス

3人でいることがすべてではないことを知ろう。ふたりの友だちのことだけにしばられず、視野を広くもって、自由に生きてみて。たまにはほかの友だちとの時間を楽しんでみるのも◎。

相談2

新しい文房具を買った友だちに、「かわいいでしょ〜？」と聞かれたので、素直に「かわいくないかなぁ…」とかえしたら、“悪口を言われた”と思われてしまい、ケンカになってしまいました。

かあいくない

悪口言われた

ステキだね
かわいいでしょ！

アドバイス

あなたにとってはふつうだと思っても、言われた側にとっては傷つくことかもしれないということを覚えておこう。自分が言われたらイヤだな…と思うことは言わない。言わないといけない場合でも相手を傷つける言葉には気をつけよう。

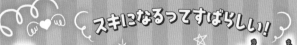

スキになるってすばらしい！
「スキ」ってどんな気持ち？

落ち込んだり、悲しんだりしたときに元気をくれるのが「スキ」なもの。
もっと自分の「スキ」を知って、ハッピーな時間を増やそう！

「スキ」の気持ち

あなたが大切にしたいものや人、時間はあなたを幸せな気分に
してくれているはず。どんなものがスキか考えてみよう。

スキな人…

スキなこと…

スキなもの…

スキな時間…

「スキ」がもたらすいいこと

1 笑顔になれる

スキなことを考えたり、スキな人とすごしたりすると笑顔になれるよね。笑顔になることは生きていくうえで、とても大切なこと。あなたが笑顔でいることで、まわりの人もハッピーになれるよ。

2 仲良し度がアップする

スキな人とすごす時間はとても大切な時間。これからも相手のいいところに目を向けていくようにしよう。また、親しくても礼儀や感謝を忘れずに付き合っていくと、もっと仲良くなれるはずだよ！

「スキの種類」を見てみよう!

「スキ」という気持ちは、だれに対しての「スキ」かによって
種類が違うよ。どんな気持ちをもっているか書き出して比べてみよう!

①家族への「スキ」

家族といると安心したり、心が
リラックスしたりするよね。そ
れはあなたが心から家族のこと
を「スキ」だから。また、見か
えりを求めることも、求められ
ることもなく、なにかをしてあ
げたいという思いが、家族への
「スキ」という気持ちだよ。

家族のスキなところ!

♥ --

♥ --

♥ --

♥ --

♥ --

♥ --

② 友だちへの「スキ」

いっしょにいて居心地が良く、信頼できるのが友だちへの「スキ」。気をつかわずにいろいろな話ができる相手は、あなたにとってとても大切な人だよ。おたがいを信頼し合えることで、ありのままの自分でいられるはず。

友だちのスキなところ！

♥ --

♥ --

♥ --

♥ --

♥ --

♥ --

③ 恋の「スキ」

性格や見た目などをスキだと感じ、この人ともっと話をしたい、近くにいたいと思うのは恋の「スキ」。恋の「スキ」には、相手の注意をひきたい、自分だけを気にかけていてほしい、相手のそばにいる他人をうらやましいと思う気持ちがふくまれることも多いよ。

スキな人のスキなところ！

♥ ------------------------------

♥ ------------------------------

♥ ------------------------------

♥ ------------------------------

♥ ------------------------------

♥ ------------------------------

恋心には男女で差がある?

男女で、恋をしている相手にとる態度が違うことがあるよ。
どう違うのか見てみよう！

もちろん、人それぞれ違うので、
全員にあてはまる
ことじゃないよ！

だれかのことをスキになったら･･･

女子

♥ スキな相手の前では
おとなしくなってしまう。

♥ かわいいと思われたくて、
身なりを気にする。

男子

♥ スキな相手とかかわりを
もちたくて、ちょっかいを出す。

♥ スキな相手にたよられたくて、
かっこつける。

目が合うだけでドキドキ！

今日の服、変じゃないかな？

話すきっかけを探している

ほかの男子と話しているのは
見たくない！

④ あこがれの「スキ」

自分がもっていない得意なことや、自分がなりたいと思う魅力をもっている人に心がひかれるのが、あこがれの「スキ」。性別や年れいを問わず、尊敬できる相手に感じる気持ちだよ。アイドルやアスリート、先ぱいなどにいだくことが多いよ。

あこがれの人のスキなところ！

♥ ---

♥ ---

♥ ---

♥ ---

♥ ---

♥ ---

「スキ」にはいろいろなカタチがある！

「スキ」の種類がたくさんあるように、「スキ」のカタチも人それぞれだよ。

「スキ」は自由！

あなたがだれをスキになるかは自由だよ。それは相手が外国の人でも、アニメのキャラクターでも、あこがれの歌手でも。もちろん、それが同性でも異性でも不思議なことではないよ。スキになれる人と出会えたことは、とてもステキなことだから「自分って変かな…？」と思わずに、その気持ちを大切にしよう。

それも「スキ」

付き合いたい、いっしょにいたいと思うことだけが「スキ」ではないよ。相手のことを思いやって、自分の行動を考えなおしたり、相手の悪いところを注意したりすることも「スキ」のひとつのカタチだよ。

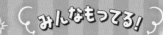

みんなもってる！
「キライ」ってどんな気持ち？

あなたには、「キライ」と感じることがあるかな？
「スキ」の反対の「キライ」という気持ちについて見ていこう。

「キライ」ってなんだろう？

人やものごとに対して、「イヤだな」「苦手だな」と思う気持ちのことをいうよ。

> あたしは、虫がキライ……。
> 近寄ってきたら悲鳴上げて
> にげちゃう

> あたしはピーマンが
> キライだな。苦いしどうしても
> スキになれないよ〜！

> こんなふうに、なにが
> キライかは人それぞれ、
> いろいろあるよ

> あたしは、人の悪口ばかり
> 言う人がキライ。いっしょに
> いて楽しくないんだもん

「キライ」はだれでももっている気持ち

> 身近な人で、
> あまりスキではない人や、
> 苦手な人はいますか？

人と付き合っていく中で、どうしても「この人、ちょっと苦手だな」と思う人は出てきてしまうもの。「『キライ』なんて思っちゃダメなんだ…」と自分を責めなくてもOKだよ。

いいえ10%

はい！
90%

＊小学2年生〜中学1年生の100人に聞いたよ。

146

BAD こんな人がキライ！

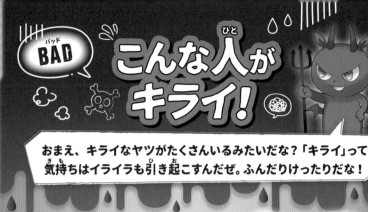

おまえ、キライなヤツがたくさんいるみたいだな？「キライ」って気持ちはイライラも引き起こすんだぜ。ふんだりけったりだな！

ぶりっ子！

まひるちゃんってオバサンくさーい ウケるー

いじわる！

しつこい！

ねーって

また100点〜

なんだやんのか？

〇〇ちゃんってまじムカつくー

じまんしてくる！

乱暴！

人の悪口ばかり！

GOOD 「キライ」「苦手」な感情とうまく付き合っていこう!

「キライ」という気持ちで心がいっぱいになってしまったら、考え方と行動を変えてみよう。

どうしてキライなのか考えてみる!

だれかを「キライだな」と思うのには、必ず理由があるよ。相手がなにか悪いこと、イヤなことをしたわけではなく、あなた自身の「くやしい」「うらやましい」と思う気持ちから「キライ」の気持ちが生まれることも。そんなときは、「くやしい」「うらやましい」という気持ちがなくなれば、「キライ」の気持ちもなくなって、仲良くなれるかもしれないね。

〇〇ちゃんって、いつも大勢でワーワーさわいでて苦手…

どうして苦手だと思ったんだろう…

まわりにいつも人がいっぱいいて楽しそうなのが気に食わない

大勢で場所とっててやだし…

うるさいから?

人気者の〇〇ちゃんがうらやましいだけかも…

〇〇ちゃんと話してもう少し〇〇ちゃんのこと知ってみようかな?

上手に距離を置く

キライな理由を考えて、それが自分ではどうしようもないときには、キライな相手からそっとはなれてみよう。少し距離を置くと、自分の心も落ち着くし、イライラすることもなくなるよ。クラスの班活動やクラブ活動などで、どうしてもキライな相手といっしょにいなければいけないときは、別の友だちに間に入ってもらってもいいね。ただし、相手を無視したりさけたりするのはやめてね。相手を傷つけずに、上手にはなれることが大切だよ。

ふー ここまで来ればイライラしない!

相手を傷つけるのは絶対NG!

×NG! あなたのことキライ!

キライだからといって、相手にきついことを言ったり、仲間はずれにしたりすることは絶対にダメ。どんな理由があっても、相手を傷つけていいことにはならないよ。キライな相手とは距離を置くのが、自分にとっても相手にとっても一番いい方法だよ。

キライな相手のキライなところを見て、「自分はどうかな」と、自分の発言や行動をふりかえってみるのもいいよ

友だちともっと仲良くなれるゲームを紹介するよ！
いっしょに遊んで盛り上がっちゃおう！

1 いつどこでだれがなにをしたゲーム

> 用意するもの ◆ 紙 ◆ えんぴつ ◆ 中が見えない箱（あれば）

1 それぞれ小さな紙に「いつ」「どこで」「だれが」「なにをした」を別々に書く

例

> 「いつ」… 明日、昨日、奈良時代、25世紀
>
> 「どこで」… 家で、学校で、トイレで、富士山のてっぺんで
>
> 「だれが」… わたしが、聖徳太子が、ペンギンが、お母さんが
>
> 「なにをした」… おどった、カレーを食べた、逆立ちをした など

2 「いつ」「どこで」などそれぞれのテーマごとにわけて、
見えないように箱に入れるか、中が見えないように折る

3 テーマごとに1枚紙を引いて、文章を作る

どんな
おもしろい文章
ができるかな？

| 25世紀に | 富士山の
てっぺんで | ペンギンが | カレーを
食べた |

② 力を合わせて似顔絵ゲーム

用意するもの
◆紙 ◆えんぴつ

① 似顔絵をかかれるターゲットをひとり決める

② それ以外の人で、1分以内に1枚の紙にターゲットの似顔絵をかいていく。そのとき、ひとりがかけるパーツは1つだけ。1つパーツがかけたらとなりの人に回そう。1分以内に似顔絵を完成させられるかな？

③ 無言で伝言ゲーム

① うしろ向きに1列に並び先頭の人だけ前を向き、お題を考える

② お題を決めたらすぐうしろのひとりだけ前を向いてもらい、お題を伝える。このとき、言葉を使わずにジェスチャーだけで伝えよう！

③ 順番にうしろの人にお題を伝えていき、列の一番うしろまで伝わったら、最後の人はお題がなにかを考えて発表する。
お題通りに最後の人まで伝わったかな？

あひる

みんなある！こんな気持ち

友だちでもイヤなところはある

どんなに仲良しの友だちでも「イヤだな」と思うところはあるもの。
そんなときはどうしたらいいのかな？

みんなに聞いてみたよ！

みんなは友だちに対してイヤな気持ちになったことがあるのかな？

Q 仲がいい友だちに、「イヤだな」と思ったり、
イライラしたりしたことはある？

A あるよ！　いつもは仲良しだけど、たまにわたしの
持ち物や言葉づかいを真似してくるのがイヤだな。

A ある。元気いっぱいで楽しい子だけ
ど、勉強しているときや、図書室で
本を読んでいるときに、大きな声で
話しかけられるとイライラしちゃう。

> みんな、意外と友だちに
> 「イヤだな」と思ったり
> イライラしたり
> しているんだね…！

> 仲良しでも「イヤだな」と
> 思うことは、全然おかしなことじゃ
> ないの。みんながもってる
> 気持ちなんだよ

友だちのこんなところがイヤ!

その場にいない人の悪口を言う

それは別に
いいんじゃない
かなあ…
なんて言えない…

あの子いつも
顔芸で笑いとってるの
ズルくない〜?

トークで勝負
しろよな〜

わたしの知らない話をする

あたしが不参加だった
遊びの話してる…
話に入っていけないよ〜

なんなの
そのゲーム…

ヤ

へへ

昨日のゲーム
楽しかったよねー!
あそこでゴリラを
味方にして戦うとか、
つみきマジ神ってたわー

たまにぶりっ子なところがある

すごろ
持ってやるよ

しょうがねーな

ほうき重くて
持てなーい

え
ー…

モヤモヤやイライラをそのままにすると…

友だちに「イヤだな」と思ったとき、ぐっとこらえちゃう人も多いんじゃないかな？
かかえているモヤモヤやイライラをそのままにしたらどうなるか見てみよう。

ストレスがたまる

がまんしすぎると、ストレスがたまってしまうよ。
ストレスが原因でねむれなくなったり、体調をくず
したり、気持ちが落ち込んでつかれちゃったり。ス
トレスでもっとイライラして友だちのイヤなところ
ばかり目につく→そのせいでまたイライラする…な
ど、つらいループにおちいっちゃうことも（ストレ
スについて、くわしくは 54〜59ページを見てね）。

本音が言えなくなる

モヤモヤやイライラをいつもため込んでいる
と、それがくせになり、友だちに本音が言
えなくなってしまうことがあるよ。楽しくな
いのに友だちに合わせて「楽しい」と言った
り、友だちが悪いことをしていても「やめよ
うよ！」と言えなくなったり…。あなたの大
切な気持ちや心が押しつぶされてしまうのは、
悲しいことだね（「本音が言えない」について、
くわしくは 164〜167ページを見てね）。

友だちのことが
キライになっちゃう

小さなモヤモヤやイライラも、積もり積も
ると大きなマイナスの気持ちになってしま
うよ。友だちとのケンカの原因になったり、
「○○ちゃんなんてキライ！」という強い気持
ちに変わっていったりすることも。

モヤモヤ・イライラを感じたときはこうしよう!

気持ちを伝える!

友だちのイヤなところにがまんできなかったり、がまんすることで自分が苦しくなってしまったりするときには、思いきって気持ちを伝えてみよう。でも、ストレートに「あなたのこういうところがイヤなんだけど!」なんて言っちゃうと、相手を傷つけちゃうので注意（上手な気持ちの伝え方については、162・163ページを見てね）。

> ふたりがケンカしてるところなんて見たくないよ!

> まひる…

> モヤモヤやイライラを、絶対に相手に伝えなくてはいけない、というわけではないよ。自分を大切にするために、そして友だちとこれからも仲良しでいるために言わなくちゃいけないときには、勇気を出して伝えるといいね

自分の言動をふりかえろう

友だちになにかを言われたり、されたりして「イヤだな」と思ったときは、自分をふりかえるチャンス。同じことを自分も友だちにしていないか、友だちをイヤな気持ちにさせるようなことを言ったりしたりしていないか、考えてみよう。家族に注意されたり、友だちに「やめて」と言われたりしたことはないかな？　知らず知らずのうちに、相手をイヤな気持ちにさせてしまっていることはよくあること。必要以上に自分を責めなくても、これから気をつけていけば OK だよ。

> おせっかいだったかも…

> にんじんも残さず食べなきゃ!

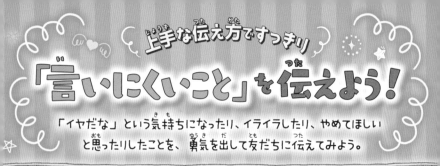

上手な伝え方ですっきり
「言いにくいこと」を伝えよう！

「イヤだな」という気持ちになったり、イライラしたり、やめてほしいと思ったりしたことを、勇気を出して友だちに伝えてみよう。

こんな伝え方はやめよう！

ストレートな言葉、きつい言葉で伝える

自分の気持ちをそのまま言葉にすると、相手を傷つけてしまったり、おこらせてしまってケンカになったりするので注意！

相手を責める言い方をする

「あなたのこういうところがキライ」「こういうところがダメ」などと、相手を責めたり、否定したりするような言葉は使わないようにしよう。

「自分が言われたらどう思うかな」と、相手の立場に立って考えてみることが大切だよ

イヤなところだけを伝える

「イヤだな」と思った友だちへの不満だけ話しても、あなたの本当の気持ちは伝わらないよ。

なんで？？

ふたりのがんこなところなおしてほしいな！

162

こんなふうに伝えてみよう！

言いにくいことを相手にうまく伝える方法を見ていこう！

やわらかい言葉づかいで

気持ちをうまく伝えるには、言葉選びが大切。
相手を傷つけたりおこらせたりしないような、
やわらかい言葉を使おう。

> ふたりの気持ちも
> わかるけど、おたがい素直に
> なればもっと仲良しで
> いられるんじゃないかな

例えば、こんなふうに言いかえられるよ

♥ 人の悪口を言うところがイヤ！
→ 怜央の言うことをもし○○ちゃんが聞いたら、傷つくんじゃないかな

♥ わたしの知らない話をするのがイヤ！
→ その話、わたしはわからないから、教えてほしいな

♥ たまにぶりっ子になるところがイヤ！
→ わたしはいつものつみきの方がスキだよ

> 言い方ひとつで、
> 全然印象が違うね！

理由や、そのときの自分の気持ちを伝える

> ふたりがケンカしていると、
> すごく悲しい
> 気持ちになるの…

> そっか…
> ごめんね！

「こんなことを言われてイヤだった！」
という不満ではなく、「なぜイヤだっ
たのか」という理由や「こんなふうに
感じた（悲しかった、イヤだった）」
という、そのときの気持ちを伝えよう。
言いたいことを書き出して、整理して
おくのも◎。あなたの気持ちを知れば、
相手もきっと「これからは気をつけよ
う」と思ってくれるはずだよ。

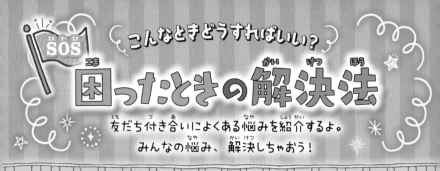

どうしよう…本音が言いにくい

自分の気持ちを、そのまま人に伝えにくいことって、あるよね。どうしてなんだろう？　きっと、それを伝えにくくしている原因があるはずだよ。どうしたら、うまく本音を言えるようになるのかな？

みんな笑ってたけど、
笑うようなことかな？

わたしもやりたいって
ほんとは
言いたかったけど…

今日遊びに行くの、
ほんとは
気乗りしないんだ…

ちょっと
その意見とは違う
んだけどな…

正直に言えなくてモヤモヤ…

本音なんて口にするだけトラブルの元だ！友だちとの仲がこじれたり、悪目立ちしたりするくらいなら、だまっておいた方が身のためだぜ〜！

相手を気にして言いたいことが言えない…

大事なマンガだからあまり貸したくない…でもケチって思われそう

う、うん、いいよ…

このマンガまひるにも貸してあげていい？

相手の希望に沿った受け答えをしてしまう

うーん、そうだよね…ウザイね〜

昨日の復習ができてけっこうありがたいんだけどな…

毎朝ミニテストさせる先生ってウザくない？

大丈夫！次のページを見てね。

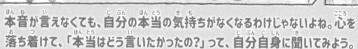

自分の本当の気持ちを考えてみよう！

本音が言えなくても、自分の本当の気持ちがなくなるわけじゃないよね。心を落ち着けて、「本当はどう言いたかったの？」って、自分自身に聞いてみよう。

自分の本心って？

なんであのマンガ貸したくなかったんだろ？

たまたま持っていたからつみきちゃんに見せちゃったけど、つみきちゃんはマンガを大事にあつかってくれるから見せたんだ…ほかの人だと不安なんだよな〜。

なんで先生のことウザいと思ってないのにあんなこと言っちゃったんだろ？

怜央ちゃんは、朝は友だちとおしゃべりしたいんだよね。そのことがわかってるから「ミニテストをやってくれてわたしは助かってるよ」って言えずに合わせちゃったんだ…。

本音をうまく伝えるコツって?

コツ1　ストレートにぶつけすぎず、ていねいに伝える

相手の気持ちに少しでも理解できるところがあるなら、それを受け止めながら、自分の気持ちをていねいに話してみよう。

「うん、あかった!」

「まひるちゃんには貸さないで!」

よりも

「ごめん!　それすごく大事なマンガだから、『また貸し』しないことにしてるんだ〜」

コツ2　言葉を上手に使おう

「それもそーだなー」

強い言葉で否定から入るよりも、「それもわかるよ、だけど…」と寄りそったり「そうだね!　ほかに、こういうのはどうかな?」と提案するような言葉選びをすると、言いにくいことも伝えやすいよ。

「ウザいとかいうのはおかしい!」

よりも

「朝はみんなとおしゃべりしたいもんね!　でもわたしは復習できて助かってるよ!」

まわりに合わせないといけないの？

自分以外の人たちがみんな同じ意見だったとき、違う意見を言うのは勇気がいるよね。それは違うのでは、と思ったときでも、その場の雰囲気を壊さないようにするためには、みんなの意見に合わせないといけないのかな？

うんうんほんと！
わたしなんて
大号泣しちゃった～

あのドラマ
めっちゃいいし、
泣けるよね！

え、ウソ…あたし
あのドラマすごい苦手…
（でもそんなこと
言えない）

まわりに合わせるのは きゅうくつでつらい！

人に合わせてばかりいると、そのうち「自分」を見失って、自分の本当の気持ちがわからなくなったりして〜！　ケケケ！

話を合わせないと仲間はずれにされちゃうかな…

ほんとおもしろいよねー！

本当におもしろいと思ってるの？

なんていうか展開がわかりやすいし…

感想それだけ？

まあ…そういう面も…たまにあるよね…

人の悪口をいっしょになって言うのはしんどい…

またいい子ぶってたよね！

あの子、なんかウザいよね？

大丈夫！ 次のページを見てね。

169

ムリしてまわりに合わせなくてもOK！

友だちの意見に合わせることで自分がつらくなるよりも、
自分の気持ちを大切にしてあげよう！

本当はそう思っていないのにまわりの意見に
合わせてしまうと、その場は丸くおさまる
けれど、自分の中にモヤモヤが残ってしまうよね。
だけど仲間の間でういてしまうのはイヤ……
そんなときは意見を保留にしたり、
そっとその場をはなれたりしたっていいんだよ

だってビミョーな空気に
なりそうだったし～

うわー！
なんであんなこと
言っちゃったんだろ？

みんなから
きらわれたく
ないもんね

このウソつきめ～！

まわりに合わせたくないときは?

自分の気持ちを大切に

友だちの発言に共感できないときは、「そうなんだね〜」などとにげておいたって OK。ウソだけは言わない、と決めておけば、共感できるところだけを伝えて、あとは言わないでおいたり、聞き役になったりしてもいいよ。自分の気持ちを大切にしてね。

アイドルの中でもJUNくんが一番かっこいいよね!?

そんなにスキなんだ！
いいね、スキなアイドルがいて〜

スキなことを優先しよう

やりたくないこと、行きたくないところなど、気乗りしないときは、たまには「自分だけやらなくてもいいや」と割り切ってみて。ときには自分のスキな世界に没頭して、楽しむ勇気をもとう。

人の目が気になっちゃう…

自分のことを人がどう思っているのか、どんなふうに見られているのか気になっちゃう…。最近友だちの態度がおかしいけれど、もしかしてわたし、きらわれているのかな？　なんて思うこと、だれにでもあるはず。

服装？

言葉づかい？

態度？

性格？

わたしのせい？
もしかして、わたし
きらわれてる？？

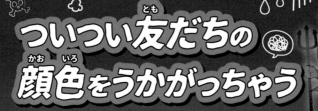

ついつい友だちの顔色をうかがっちゃう

> 笑顔のうらでなにを考えているかわからない、それが人間ってヤツだ。ああ、わずらわしい、わずらわしい。

わたしのウワサ話をしているのかな？

はっきりしすぎだよね

はっきリモノを言うのはいいけどさ〜

むむむ、耳レーダーが自然に反応してしまう…

友だちがなんだか不きげん…わたしのせいなのかな？

ん一、帰っていろいろしないといけないから…

ねえ、今日放課後遊ばない？

大丈夫！　次のページを見てね。

もっと自分に自信をもって大丈夫！

まわりの目が気になってしまうのは、自分自身に自信がないだけかもしれないよ。大切なのは、ありのままの自分をスキになって、自信をつけることだよ。

自信がないときの自分

主張しにくい・悲観的
すぐ泣きたくなる・おどおどしちゃう
こそこそ話が気になる

自信があるときの自分

楽観的・明るい
声が大きい・おしゃべり大スキ
元気いっぱい！

人の目線と自信をもつことの関係を知ろう

自分をスキになって自信をつけよう

自分のいろいろな面を見つめて、ひとつひとつそれを認めてあげよう。▶ 24・25ページを見てね。
自分をスキになれると、自然と自信がつき、堂々とふるまえるようになるよ。

> 友だちを大事にする

> 思ったことをはっきり言う

> スキなことをスキと言える

> おこられたら反省する

> いやーじつは今弟のめんどう見なくちゃならなくてさ

> なにか大変なの?

> あなたの不安は考えすぎなだけの場合もあるよ!

自信をもてると人目が気にならなくなる

かんたんにはいかないかもしれないけれど、少しずつ自信をつければ、「わたしなにかしちゃったのかな」「○○ちゃんはわたしのことどう思ってるんだろう」などと、人のことが気になる気持ちがうすれていくはずだよ。

自分に自信をもてたら「わたしのせいでおこってるのかな」と思わなくなって、友だち関係の不安も減ったよ!

ひとりでかかえ込まないで
悩んでしまったら…

悩んでしまったときの対処法を知ることはとても大切なことだよ。
ここではいくつかの対処法を紹介するよ。

信頼できる人に相談しよう

先生や家族、友だちなどの身近にいて信頼でき
る人に悩みを伝えてみよう。人に伝えることで
気持ちを整理できたり、少し落ち着いて悩みに
向き合えたりすることもあるよ。

だれにも知られたくない悩みを相談したいとき、まわりに信頼できる人がいな
いときは、電話やインターネットで悩みの相談にのってもらうことができるよ。

● チャイルドライン® ： 0120-99-7777

　ホームページ https://childline.or.jp/ （チャットで相談することもできるよ）

● よりそいホットライン： 0120-279-338

（岩手県、宮城県、福島県からかける場合は、0120-279-226）

自分に合ったリフレッシュ方法を見つけよう

悩みをかかえてしまったときは、人に相談する以外にも気持ちを切りかえる
ことも大切だよ。体を動かす、ゆっくりおふろに入ってよく寝る、本を読む、
スキな音楽をきくなど、自分に合ったリフレッシュ方法を探してみてね。

> あなたのことを心配してくれる人は、
> あなたのまわりに必ずいるということを忘れないでね

こんなとき、どうする？

相手の言葉や行動に「イヤだな」と思ったとき、どうすればいいのかな。
困りごと別対処法を知っておこう。

友だちと意見が合わない

遊びに行くならどっちがいい？問題

でもせっかく
遊ぶなら遊園地で
ワイワイしたい！

遊園地 VS 映画館

『君の名前は』を
見にいきたいよ！

こうしてみよう！

相手の意見を聞く

自分の意見と合わない！と思っても、とりあえず相手の意見をぜんぶ聞いてみよう。

自分の意見を言う

相手の意見を否定せず、「わたしはこう思う」と自分の意見を伝えよう。

新しいアトラクションができたんだよ！

フムフム…

新しいアトラクションで遊ぶのもきっと楽しいと思うよ。でも怜央も見たいって言ってたあの映画、来週で終わっちゃうんだよ

こうしてみよう！

おたがいが納得できる答えを探そう

相手の意見の中に、いいと思うところはないかな？うまく合うところは合わせて、自分がゆずれないところは主張する。そうしてどちらかだけが不満をため込むことがない、おたがいに納得のいく答えを、意見を出し合って探してみよう。

そしたら、終わっちゃう前に映画を見て、また次の機会に大勢さそって遊園地に行くっていうのは？

おっ、それはイイかも！でも絶対近いうちに遊園地も行こうね！

ガーーン

春陽の走り方、ドタドタしてるね！大笑いしちゃった

となりのクラスでまひるってちょっとおせっかいというか、八方美人だって聞いたよ

たしかに……

こうしてみよう！

やめてほしいと伝える

だまったままでいたら、本当にイヤだと思っていることが伝わらないよね。自分の気持ちがおさまらないなら、それを表してみよう。「なにげなく言ったつもりでも、わたしは傷つくしやめてほしい」ということを伝えるのが大切だよ。

> わたしは自分なりにいっしょうけんめい走ってるの…そんなふうに言われたらとても悲しいよ

> そんなつもりじゃなかったの、ごめんね

こうしてみよう！

信頼できる人に相談する

やめてほしいと直接言えない、言うと関係がこじれそうで言いたくないときは、信頼できる友だちや大人に相談してみるのもいいよ。悪口を言った相手に本当はどう伝えたかったか、自分がどんなに悲しい気持ちだったかを聞いてもらおう。気持ちを吐き出すことで心が落ち着くかもしれないよ。

> おせっかいなくらい親切なところがまひるのいいところよ

> みんなのためにと思ってるのに、おせっかいと思われてたなんて…

約束をやぶられた

すみれちゃん、今日いっしょに帰ろう〜

えっ、うん！もちろん！

えっ!! 春陽、なんでまひると帰っちゃうの？

えーと、まひるちゃんが話しかけてきて、うっかりそのまま…

昨日はどうしてなにも言わずに帰っちゃったの？

こうしてみよう！

理由を聞いてみる

「なんで約束やぶるの！」といきなり責めるのではなく、なぜ約束を守ってくれなかったのか理由を聞いてみよう。やむを得ない事情があった場合もあるかもしれないからね。

こうしてみよう！

自分の気持ちを伝える

約束をやぶった理由が納得できなかった場合、自分がどんなにがっかりしたか、悲しかったかを伝えてみよう。いかりをぶつけるだけでは相手もイヤな気持ちになってしまうから、自分のつらい気持ちをわかってほしい、という態度で伝えようね。

そうだったんだ！ほんとにごめんね

わたし、さそってくれてうれしかったから急いで用事を終わらせたの。だからさみしかったよ

仲間はずれにされた

放課後うち来る人ー！

あれ？なんで
あたしにだけ聞いて
くれないのかな？

ん？
無視された？？

オハヨー

オハヨ

オハヨ

スッ

184

こうしてみよう！

相手の様子を見よう

「仲間はずれにされた！」と思うと、相手のどんな行動も自分をさけているように思えてくるよね。わざとされているのか、それとも悪気がないのか、気持ちを落ち着けてしばらく相手の様子を観察してみて。

いつもと変わらない気もする…

こうしてみよう！

別の友だちのところにひなんしよう

大丈夫！

どうやら本当に仲間はずれにされているみたい…と思ったら、ムリして相手に近づいていく必要はないよ。いったん別の友だちと行動したり、話しやすい人と会話したりして、相手と距離をとるのもひとつの手。時間がたつと、相手もふだん通りにもどるかもしれないよ。

友だちにイライラしちゃう…

友だちにイラついたりモヤモヤしたりするなんて、
おまえって性格悪いなあ〜！　本当に友だちなのか？

すみれははっきり
言いすぎて空気を
悪くするんだよな！

怜央はいっつも
うるさいな〜

イライラ

イライラ

怜央とすみれが
いがみ合ってばかりだから
気をつかうし、
ふたりともめんどくさい！

イヤな気持ちを言えなくてモヤモヤ

Oh

みんなもっと
仲良くしてほしいよ〜
（って言えない…）

あんな
つまんないことで
よくケンカできるなぁ…

大丈夫！ 次のページを見てね。

GOOD 上手なおこり方で気持ちを伝えよう!

気持ちをぜんぶのみ込まなくてもいいんだよ! きちんと気持ちを
わかってもらうためには、ときにはおこることも必要だよ。

おこるのは悪いことじゃない

いかりの感情が生まれるのは、
人間にとって自然なことだよ。
いかりを吐き出さずにため込んでいると、
心も体もつかれてしまうよ

いかりを上手に伝えよう

はらが立ったとき、大事なのはそ
れをどう伝えるかだよ。おこり方
にもいろいろあるよね。どんなふ
うにいかりを表せば、相手にうま
く伝わるのか考えてみよう。もし
それを自分が言われたら聞く気に
なるか、と考えてみるのもひとつ
の目安になるよ。

このメラメラを
どうやって伝える?

だけど…
こんなおこり方はNG!

NG1 強い言葉を使う

「バカ!」「大キライ!」など、強い言葉を投げつけてしまうと、相手も心を閉ざしてしまうよ。責めたり、否定したりするより、「わたしは本当におこってる」ということを落ち着いて相手に伝えるようにしよう。

そっちこそなによ!
バーカ!

なんだって〜!?

NG2 相手を傷つける

ほんっと
無愛想だよね〜

自分がされたくやしさのあまり、相手に同じひどい言葉をかえす、さらには相手をやりこめて傷つけることが目的になってしまっていない? 大事なのは自分の心をわかってもらうことだよ。また、別の友だちに、おこっている相手の悪口を言うことなども、トラブルの元なのでやめようね。

上手な気持ちの伝え方

具体的にどうすれば、自分の気持ちを相手にしっかり伝えられるのかな？
大切なポイントをチェックしよう！

どっちの方が気持ちが伝わるかな？

わたしのことそんなふうに
思っていたなんてショックだし、
自分ではなおせないことを
からかわれて傷ついたよ

なんでそんなこと言われ
なきゃいけないの？ そっちこそ
いつも自分が目立たないと
すぐヘソ曲げるじゃない！

自分の感じたイヤな思いを、
整理して落ち着いて話す。

相手への攻撃がメインになり、
自分の思いがあと回しになる。

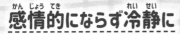

感情的にならず冷静に

おこった気持ちのまま感情的に言葉をぶつけていくと、伝わる以前にケンカになってしまうこともあるよ。ケンカしてすっきりする方法もあるけれど、冷静に落ち着いて自分が感じたことだけを伝えた方が、相手に大事な部分が伝わりやすいよ。

感情的におこることで「そんなにおこってるんだ！」と気づいてもらうことはできるかもしれないね。でも「おこってる」ことだけが印象に残るのではもったいないよ。なにをおこっているか理解してもらうために、冷静さも身につけてね

第4章 SOS！お悩みレスキュー

191

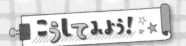

相手を責めずに自分の気持ちを伝えよう

イヤなことを言われたり、されたりしても、相手を責めてはいけないといってもむずかしいかもしれないね。でも、相手を同じようにイヤな気持ちにさせても、自分の気持ちはわかってもらえないし、おたがいにつらい思いをするだけだよ。相手を責めることに力を使うよりも「自分はこんな気持ちになった、こんなふうに感じて悲しかった」ということをがんばって伝えてみよう。

「わかってほしい」
という思いを
伝えることが大事

「無愛想」って怜央はいじわるで
言ったんじゃないかもしれないけど、
わたしはいつもそのことを気にしていて、
言われるとすごくイヤなの。悲しくなっちゃうから
あんなこと言わないでほしいよ

ドキ！

伝え方整理のポイント

ポイント1

相手の立場に立って考えてみる

「もしかしてこう思ったのかな？」「あんなこと言う理由は？」などと、イヤなことをしてきた相手に自分がなったつもりで考えてみよう。

見てー!!

わ——スゴイスゴイ（棒読み）

まあたしかに反応はうすかったかも…

ポイント2

気持ちを書き出して整理してみる

感じていることを、ひとつひとつ紙に書き出してみよう。いかりしかなかった感情のうしろに、自分の本当の気持ちが見えてくるかも。

愛想がないことは自分でもわかってる

そんな自分もキライじゃない

あざあざ言われたくない

でも無愛想と言われると

自分を悪い存在みたいに感じちゃう

いかりの気持ちを引きずらない

カンペキではなくても自分の気持ちを伝えることができたら、それはそれとして終わったことにするのもひとつの手。きちんと伝えられた自分をほめてあげよう。

わかってないみたいだけど、とりあえず言えてすっきりした♪

言い方にトゲがあるみたいで…無意識に相手を傷つけちゃったりするの

そうか…怜央さんとすみれさんはおたがいを大切な友だちだと思っているけど

伝え方がまずくてケンカになっちゃうのかも…

こんなとき、どうする？

相手をイヤな気持ちにさせてしまったときは、どうすればいいのかな。
友だちとずっと仲良しでいるために、対処法をチェック！

友だちとケンカしちゃった

わたしだってそうしようと思ってたよ！でも怜央がこっちに来てって言うんだもん！

体育でペアになろうって言ったのはまひるじゃない！

わ、わたしのせい？？

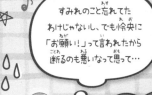

こうしてみよう！

自分と相手の気持ちについて考えてみよう

自分が悪いのか、相手が悪いのかを考えるのはいったんストップ。まずは自分がおこった理由について、冷静にふりかえってみよう。同じように、相手が自分の行動になぜそんな反応をしたのか、想像してみよう。

すみれのこと忘れてたわけじゃないし、でも怜央に「お願い！」って言われたから断るのも悪いなって思って…

でもすみれはあたしとペアになるために、ほかの人のさそいを断っていたのかも？

いいよ、あたしもおこりすぎちゃった

すみれを先にさそってたんだから、ちゃんと怜央にそう言うべきだった！ごめんなさい！

こうしてみよう！

自分からあやまろう

自分と相手の気持ちをじっくり考えたあと、やっぱり仲良くしていきたい！ と思ったなら、ちょっと勇気はいるけれど、自分から先にあやまろう。素直にあやまることで、相手の心がすっとほぐれるはずだよ。

ケンカするのは、悪いことばかりじゃないよ。おたがいに思ったことを言い合えるのは大事なこと。ケンカして仲直りができると、相手の心に前よりもっと近づけるかもしれないね

さそいやたのみごとを断りたい

さそってもらったのはうれしいけど…

あ～そうだね…考えとくね

JUNくんのライブ
いっしょに行かない？

かっこいいよね!!

こんなことたのまれたんだけど…

え…う…
うーーん…っと…

宿題、むずかしすぎて
できなかった！
ごめん、写させて！

> ありがとう！
> すごく行きたいけど
> その日は家族で
> お出かけする予定なの。
> またさそって！

> うん！

こうしてみよう！

お礼と断る理由を伝える

用事がある、予定が合わないので断るなどの場合「ありがとう、そうしたいけど…」と前置きしてから理由を伝えよう。気が乗らない、やりたくない、という場合も、さそってくれてありがとうという気持ちは伝えたいね。相手も「またさそってみようかな」と思えるよ。

こうしてみよう！

NOと言うことも大事

断るのは別に悪いことじゃないよ。やりたくない気持ちをかくしてまで相手に合わせるよりも、「したくない」自分の気持ちの方を大事にしてあげよう。相手を傷つける言い方にならないように、気をつけようね。

> 写させてあげたい
> 気持ちもあるけど、
> 自分でいっしょうけんめい
> やったものだから、素直に
> どーぞとは言えないよ

> そっか、
> そりゃそうだね！

> もし、悪いことやしてはいけないことにさそわれたときは、
> 勇気を出して「わたしはやめておく」とはっきり断ろう。
> 断るのがどうしてもむずかしかったら、「用事があるから」などと、
> 参加できない理由を考えて、「自分はしない」と
> 線を引くことが大事だよ

友だちとの約束をやぶっちゃった

友だちと約束をして… ➡ その約束が守れなかった…

今度の日曜、おそろいコーデにしよ!

うん! じゃあ ふたりとも ミニワンピね!

あ、しまった…

ガーン…

当日…

その本 持ってるから 貸してあげる!

ありがとう! 明日必要 なんだけど…

あの本持って きてくれた?

次の日…

明日持ってくるよ!

やばっ!!

こうしてみよう！

約束をやぶられた側になって考えよう

自分には正当な理由があったとしても、約束をやぶられた方はとてもがっかりしちゃうもの。友だちがあまりおこったり悲しそうにしたりしていなくても、「気にしてないみたいだし、まあいいか！」ですませるのはNG！ 表情や態度に出さないだけで、イヤな気持ちになっているかもしれないよ。自分がこうされたらどう感じるかな、と相手の立場に立って考えてみて。

自分だったら…
せっかく気合い入れてきたのに、すごくさみしいと思う…
ごめんねまひるちゃん…

ううんいいの
わたしこそ、めんどうな
お願いしてごめんね

昨日の夜までは
覚えてたんだけど、次の日の準備をするときに忘れてしまって、うっかりしてたの。今日必要だったんだよね、ごめんね！

こうしてみよう！

説明をしてきちんとあやまろう

大事なのは、なぜ約束が守れなかったのか、正直にわけを話すこと。ごまかしたり、ウソを言ったりせずに、理由を説明して、相手の顔を見てきちんとあやまろうね。

こうしてみよう！ 傷つけた原因を考えよう

かわいいと思ったのに「変なの」なんて茶化した言い方しちゃダメだよな～

自分にはそのつもりがなくても、なにげない一言や行動で相手を傷つけてしまうことはあるよね。友だちを傷つけちゃった、と思ったら、その原因がなにかを考えてみて。言い方や気持ちのすれ違いなど、まず自分なりに気づいたことを整理してみよう。相手に自分の気持ちを伝えるときに役立つよ。

こうしてみよう！

説明をしてきちんとあやまろう

うん、悲しかったよ…

つみきの絵はいつも上手だし尊敬してるよ。なのにうまく言えなくて、かわいいと思ったのにさっきは「変」なんて傷つけるようなこと言ってごめんなさい…

「わたしのせいで、○○ちゃんを傷つけてしまったよね。ごめんなさい」と自分から声をかけよう。誤解やかん違いがあるなら、よく説明をして、本当の気持ちをわかってもらおう。

いじわるな気持ちが働いて、傷つけるようなことを言ってしまったときは、そのおくにある、自分の本当の気持ちを見つめてみよう。口先だけであやまっても、相手には理解されないと思うよ。心をこめて伝えようね

勇気を出して「ごめんね」を言葉に

上手なあやまり方で気持ちを伝えよう

「ごめんね」の気持ちを相手にきちんと伝える方法を見てみよう。
あやまり方ひとつで印象は変わるよ。

自分の間違いを認めるのは大切なこと

> 自分が悪かった、間違っていたと認めるのは
> 勇気がいることだけれど、意地をはって
> あやまらなかったせいで、友情が壊れて
> しまうのはもったいないよ

きちんと言葉で表そう

たとえ仲良しの友だち相手でも、態度でなんとなくわかってくれるだろう…はNG。きちんと言わないとなにも伝わらないよ。「ごめんね」「次からは気をつけるね」などと口に出して伝えよう。

> あ…まあ…悪かった
> というかそんな
> 感じというかさ…

> ほんとに
> ごめんなさい！

上手な気持ちの伝え方

素直な気持ちを伝えよう

「ごめんね」と言いながらも、「ほんとは大したことじゃないけど」という態度では台無し。うわべだけの謝罪ではなく、悪かったと思う素直な気持ちをそのまま伝えて。

悪かったと思ってるよ！

なぜ上から目線…

わたしだけがそう言ってたわけじゃないし…もちろん悪かったとは思ってるけど…クドクド…

言い訳はしない

自分の行動や事情をていねいに説明するのと、言い訳をするのとは全然違うよ。言い訳をされると「本当に悪いと思っているのかな？」と、相手も疑問に思っちゃうかも。わけを話すなら、人のせいにしたり、ごまかしたりせずに、事実だけを整理して話そう。

できるだけ早く伝える

\\ごめんね!!//

時間を置けば置くほど、関係がよけいにこじれてしまうこともあるよ。早く仲直りしたいと思ったら、できるだけ早く、自分から伝えよう。

つみきが
ごめんね、だってー

直接言おう

面と向かって相手と話すことに気が進まなかったり、あやまりにくかったりするかもしれないけれど、人に伝えてもらうのはやめよう。本当の気持ちが間違って伝わることもあるし、自分が悪いと思っているということが伝わらないよ。

例えばこんなふうにあやまる

前置きをする

「今ちょっとだけ時間いい?」「ちょっとふたりで話したいことがあるんだけど」などの前置きをして、自分にも相手にも気持ちの準備ができるようにするといいよ。

怜央ちゃん
今ちょっと話していい?

最初にまずあやまってしまう

どうしても言い訳っぽくなりそうなときは、最初に一言「ごめんね!」とあやまってから、「あのときは…」と説明していく方法もあるよ。

とにかく、まず、
ごめんね!!

相手がすごくおこっているときは…

時間を置く

声をかけても無視されるくらい相手がおこっているなら、今はなにも言わないでおこう。様子を見ながら少し時間を置いて、おたがいにリラックスしているときに声をかけよう。

おこっている相手も、時間を置くとだんだん冷静になってくることが多いよ。

いいタイミングをねらってみよう

手段を変える

相手も、顔を合わせて話すのがイヤなときがあるかもしれないね。そんなときは伝えることをあきらめず、手紙を書く、電話をするなど伝える方法を変えてみよう。

怜央ちゃんにイヤな思いをさせちゃったこと反省してるの、本当にごめんね。

春陽より

みんなといると
楽しいけど
たまに息苦しいなって
感じることもあるし…

でも、つみきみたいに
スキなことにのめり込めるって
わけでもないし…
ひとりでいるのがスキって
わけでもないんだけど…

じゃあ
そんな気持ちに
なったときの
対処法を
いっしょに
考えてみよう！

対処法を知ってトラブル解決！③

こんなとき、どうする？

ふだんの友だち付き合いの中で、悩んだり困ったりすることもあるよね。
どんなふうに行動すればいいのか、見てみよう。

話に入れない、ノリについていけない

あの番組最高に
おもしろいよね！

へ、へえ〜

そうそう、
この前もさ…

全然知らないし
興味もない…でも
なんかさみしいな〜

212

こうしてみよう！ ムリに話を合わせなくてもOK

あまり気乗りがしなかったり、どうも納得がいかなかったりしたときにムリして合わせていたら、つかれちゃうよね。そんなときは、自分と波長が合う友だちと付き合うようにしていくといいよ。

すみれ絶対
この映画スキでしょ…

よくわかるね…

質問役になろう

こうしてみよう！

なになにそれ！
教えて！

いいよ！

自分だけが知らない、という状況だと、話に入れなくて困っちゃうことがあるよね。だまってうなずいてるのもいいけれど、「それ知らないから教えて！」と質問役になって会話に参加してみたらどうかな？

楽しいはずの会話が苦痛になってしまうとつらいよね。
話題についていけなくてあせってしまうときは、
トイレに立ったり別のことを考えたり、
自分の気持ちが落ち着くことを優先しようね

こうしてみよう！

ひとりになりたいときにはなってもOK！

「なんだかグループにいるのが息苦しい！」と感じたら、ひとりになってもいいんだよ。読書に夢中になっているふりをしたり、トイレや保健室に行ったりしてもいいから、「ひとりになりたい」自分の気持ちに正直に行動しよう。

どうかした？

先生、ちょっと休みたい…

こうしてみよう！

友だちは多くなくても大丈夫

どした？食べる？

ありがと～

ホッ…

グループにいないと友だちがいなくなりそうでさみしい、という考えもあるかもしれないね。でも、自分がムリせず自然体でいられるような関係の友だちがひとりでもいれば、それで十分なんだよ。「そんな友だちもいない！」というときは、ゆっくりでいいから、自分と気の合う友だちを探してみよう。

ひとりでいたら友だちがいないと思われちゃう…なんて心配していたけど、よくまわりを見たら、気楽に話せる友だちはちゃんといるんだよね

グループでの役割がしんどい

グループでいると、それぞれのキャラが決まってくることがあるよね。
自分の役割があると楽なこともあるけれど、だんだんその役割で
おたがいをしばりあっちゃうことも…。

> みんなの
> お世話担当

> クールな
> ツッコミ担当

> ワイワイ
> 盛り上げ担当

Character

> ほんわか
> ムード担当

> やさしい
> 聞き手担当

216

BAD いつも同じ役割を期待されちゃう…

グループでいる限り、おまえはその役割からにげられない〜。あきらめるんだな！

ほんとはこんなキャラ、イヤなんだけど！

まあまあ、おたがいさま〜

ここはすみれがツッコむとこでしょ！

ムッ

大丈夫！次のページを見てね。

GOOD ムリしてキャラを演じなくてもいい！

ムリして自分らしくないキャラを演じているとつかれるし、楽しくないよ。
自分の気持ちをおし殺してしまわずに、大切にしてね！

イヤなことはイヤと言おう！

「そういうキャラなんだからさ！」と役割を押しつけられてイヤなときは、はっきり「それ、わたしはしたくないよ」と言っていいんだよ。
ムリして合わせていたらストレスがたまってしまうからね。

ごめん……

なんでわたしばっか！！もうイヤ！！！

みんなそれぞれキャラクターがあるけれど、その目立つ一面だけがすべてじゃないよ。
元気な子がいつも元気なわけじゃないのは当然のこと。おたがいのいろいろな面を認め合っていきたいね

218

グループにいるのがつかれちゃうなら

ほどよく付き合う

わたし用事があるからみんなで行ってきて〜

OK!!

グループにいるのがどうしてもつかれてしまうときがあるなら、ちょっとだけ距離を置いてみる、グループをぬけてもいいや、と割り切るのもひとつの手かも。

自分の世界を大切にしよう

ひとりも楽しい〜!

つかれちゃうけど、グループをぬけるのはなんだか勇気がいる…。そんなときは、少しずつひとりの時間を作ってみたらどうかな?「意外とひとりでも平気」な時間ができていくと、よゆうができて、グループにいるときも気が楽になるよ。

友だちから相談された

うんうん…

あたしが目立ちたがりってウワサが立ってるって聞いて…

フムフム…

がんばったつもりなのにテストの点が悪くて…

こうしてみよう! ☆☆ 話をしっかり聞いてあげよう

話にきちんと耳をかたむけてあげるだけでも、相手は楽になることがあるよ。逆に、いいかげんな態度や茶化すような反応で聞くのは、せっかく勇気を出して話してくれた友だちを傷つけることになるのでやめようね。

こうしてみよう! ☆☆

否定したりきびしいことを言ったりしない

なにを相談されたとしても、頭ごなしに否定するようなことはNG。まずは相手の気持ちを受け止めて、そのあとに自分なりのアドバイスをしてみて。「つらかったね」「悲しい気持ちになっちゃうね」など、相手に共感する言葉をかけてあげるのもいいよ。

相手はあなたを信用して相談してきているのだから、内容をほかの人に話してしまうのはルール違反。ただ、自分の手には負えない相談や、危険がせまっているような場合は、信用できる大人に伝えるよう、アドバイスしてみよう

こうしてみよう！

声をかけてあげよう

落ち込んでいたり、元気がなかったりしたら、「どうかした？」と声をかけてあげよう。それで元気が出なくても、あなたが気にしてくれたことは相手にとって支えになるはずだよ。

ぽつん…

こうしてみよう！

また今度がんばろうよ

すごくがんばってたじゃない！

元気出して！

いっしょにリレーできて楽しかったよ！

なんか食べに行こう！

自分が言われてうれしいことを考えよう

元気のない理由がわかっているなら、そんなとき自分はどう言われたらうれしいかを想像してみよう。相手の気持ちや立場になって考えてあげることが大事だよ。

もう十分がんばっている場合は「がんばって」という言葉自体が相手への負担になってしまうこともあるよ。そんなときは「よくがんばったね」や「いつも味方だからね」というメッセージを送るといいよ

こうしてみよう！

言い方を工夫しよう

強い言葉や言い方だと、言いたいことが伝わる以前に相手がイヤな気持ちでいっぱいになってしまうよ。自分の正しさを強調するのではなく、良くない理由をわかってもらえるようにていねいに話そう。

こうしてみよう！

表情や態度も大切

おこり顔や困り顔ではなく、明るく笑顔で伝える方が伝わりやすいし、相手もイヤな気持ちにならないよ。注意したことをそのあとに引きずらないことも、いい関係を保つコツだよ。

直接いじめられているのを見た

だれかにいじめられているみたい

こうしてみよう！

見て見ぬふりはNG

いじめを受けている本人が「やめて」と言っていなくても、イヤがっているかもしれないよね。例えば、「大丈夫？」と一言声をかけてあげるだけでも、相手にとってはうれしいことかもしれないよ。逆に、見て見ぬふりをすることで、相手をよけいに傷つけてしまうことも。あなたがいじめだと少しでも感じたなら、見て見ぬふりはしないで。

こうしてみよう！

信頼できる大人に相談しよう

いじめから友だちをかばってあげたいけれど、いじめがひどくなったり、自分が標的にされたりするのがこわくて、できないこともあるよね。そんなときは、まず家族や先生など、まわりの信頼できる大人に話を聞いてもらおう。

聞いてほしいことがあるんですけど…

大切なのは、自分だけでなんとかしようと思わないこと！
同じようにいじめをイヤなことだと思う仲間を増やそう。
それでも自分たちだけで解決できないことは、
たよりになる大人などに相談しよう

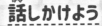

笑顔で明るく話しかけよう

おどおどと話しかけるよりも、笑顔で明るく軽やかに話しかける方が相手もリラックスするよ。どうしてもきんちょうしちゃうようなら、一度深く息を吐いて、スウッと吸ってから一気に声を出すといいよ。

質問で会話のキャッチボールを

相手の考えていることやスキなことを質問すると、グーンと距離が縮まるはず。答えてくれたことに、さらにつっこんで質問したり、聞いたことに関連した自分のことを話したりすると、会話のキャッチボールを楽しめるようになるよ。

例えばこんなふうに話しかけてみてもいいね!

相手のことを知りたいとき

まひるは習いごととかしてる?

相手に自分をわかってほしいとき

まひるの持ってるハンカチのキャラわたし大スキなの!

こうしてみよう！

素直に伝えよう

自分の気持ちが「ひとりになりたい」と言っているなら、それを大切にしてあげよう。まわりくどいウソをついても結局友だちを傷つけてしまうから、正直な心を伝えてみて。

うん、わかった！

今日は見たい番組があるから帰るね！

こうしてみよう！

ウゥ～最高～

ひとりの時間を楽しむのもいいこと

ひとりタイムが、充実した時間になるといいよね。スキなことや興味のあることに、人目を気にせず夢中になれるのは、ひとりだからこその楽しみかもしれないね。

ひとりでいることって、さみしいとか暗いっていうネガティブなイメージがあったけど、じつは自分の個性をみがくチャンスなのかも！

こうしてみよう！

ひとりの時間を作ろう

ずっと人といっしょにいると、いくら楽しくても心がいそがしくてつかれちゃうもの。自分の心と相談しながら、今はひとりでいようとか、少しはなれてみよう、などと決められるといいね。

悪いけど
用事を思い出した！

こうしてみよう！

自分のスキなことをして心を元気に

複雑な人間関係につかれてしまったら、思いっきり自分のスキなことをしてモヤモヤをふき飛ばしてみては？おいしいものを食べたり、信頼できる人とじっくり話したり、自分なりのストレス発散法を手に入れておくといいよ。▶56〜59ページを見てね。

できた！

気をつかいすぎちゃうのって、自分の性格でもあるんだけど、なかなか変えられないんだよね。たまには、もっと自分のことを優先してあげようかな！

「スキ」の気持ちを伝えたい!

「スキ」の気持ちは同性も異性もいっしょ

こうしてみよう！

手紙で伝える

面と向かって「スキ」の気持ちを伝えるのがむずかしいなら、手紙を書いてみよう。いっしょにいて楽しかったことや、相手の良いところをさりげなく伝えるといいよ。

こうしてみよう！

おくり物をする

相手のことを思う気持ちがこもったおくり物をするのも、「スキ」が伝わりやすいよ。高価なものでは相手もびっくりしてしまうから、相手のスキそうな、心のこもったプレゼントがいいね。

こうしてみよう！

スキなところを伝える

直接「スキ」って言わなくても、相手のことをよく観察して、いいところをほめたり、こんなところがスキだよ、と口に出して伝えてみて。改めてきちんと言われると、相手もとてもうれしいはず。

こうしてみよう！

気にしない！

まわりからひやかされると、はずかしくてつい大げさに反応しちゃうことがあるけど、あんまり気にしないこと！放っておけばしずまることも多いから、軽ーく流しておけばOK。

チェッ、つまんない〜

はっはっは、ごくろうごくろう〜

こうしてみよう！

自分の気持ちを大切に

だれかをスキ、と思ったならその気持ちを大事にしてあげよう。そうすると、たとえひやかされてもその相手とちゃんと向き合っていけるから、自分の気持ちにウソをつかないですむね。相手への好意もきちんと伝わって一石二鳥！

「スキ」は、とってもステキな気持ちだよ。スキな人がいると毎日が楽しくなるから、自然と笑顔が増えて、自分自身もキラキラとかがやくのかもしれないね

ちょっとした心がけで距離が縮まる!

ちょっとした言葉がけや態度で、友だちや家族と今より
もっと心が通じ合えるようになるよ。

1 ほめ上手になる

どんな小さなことだって、ほめられてうれしくない人はいないよね。
こんなところがいいなあといつも思っているのに、口に出さないまま
でいるなんてもったいないよ。気づいたことは「ステキだよ」と積極的
に伝えていこう。ただし、見えすいたウソや思ってもいないことでほ
めるのは、かえって相手に不信感をもたれちゃうから気をつけて。

そ、そうかな?
ありがと!

新しいヘアスタイル、
めちゃくちゃ似合ってるね!
リボンもかわいい〜

2 聞き上手になる

人の話を聞くのが上手な人は、だれからも好かれるよ。相手からすると、自分を受け止めてくれている、と感じられるよね。聞くときは、相手の目を見て、あいづちを打ちながら聞いてみて。話の途中で「うんうん」「それで?」など、話の先をうながす言葉をはさむと、相手も話しやすいし「ちゃんと聞いてくれてるな」と安心できるね。今までよりもっと、心を開いてくれるはずだよ。

○○が××したんだ

それで?

うん うん

で、わたしはこう思ったの…

そうなんだ〜

3 感謝を伝える

あら!?うれしい!

ごちそうさま!今日はわたしが洗い物するね

近くにいる人ほど、「ありがとう」の気持ちを忘れがちだけど、本当は家族や親友が一番あなたを支えてくれているよ。言葉で感謝を伝えるのはもちろん、おうちの人の手伝いを自分からしてみるのも、「いつもありがとう」をより深く伝える方法のひとつだよ。

4 気持ちの伝え方を工夫しよう

直接伝える

顔と顔を合わせて、直接言うのが、もっとも確実に気持ちが伝わる方法だよ。相手が目の前にいる一番のメリットは、その様子を見ながら伝えられるところ。一方通行ではないので、相手の反応や言葉によりそった対応ができるね。

メールやメッセージアプリで伝える

重たいムードをさけたいなら、絵文字も使えるメールやメッセージアプリなどが便利だよ。でも、軽くなりすぎたり、うまく伝わらなかったりしがちだから、送る前にしっかり見直しをしよう。

今日はありがと！
付き合ってくれてうれしかったよ

手紙で伝える

じっくり考えてしっかりと伝えたいときには、手紙を書くのがいいよ。時間をかけて、自分の思いを、なるべくていねいに読みやすい字で書くよう心がけて。

電話で伝える

顔を合わせてだと言いにくい、はずかしい、でも自分の口から言いたい、そんなときは電話がぴったり。ただ、顔が見えないので、自分ばかりがしゃべりつづけてしまうことのないように、ときどき相手の様子をうかがうことを忘れないでね。

みんなと仲良くするコツ

メッセージアプリの上手な使い方や、
かわいい手紙の書き方を学んで、
もっともっと友だちと仲良くなっちゃおう★

イマドキの「マナー」

正しい使い方をしないとトラブルになってしまうメッセージアプリやSNS。
メッセージアプリやSNSを使うときに知っておきたいマナーやルールを考えてみよう。

メッセージアプリ・SNSでのトラブル

メッセージアプリやSNSを使う中で、みんなが経験したトラブルについて
聞いてみたよ。あなたは、こんな経験をしたことがないかな？

😢 そんなつもりで言ったわけじゃなかったのに…

友だちとメッセージアプリでおしゃ
べりしていたんだけど、わたしがじょ
うだんで「え、きもいわー」って送っ
たらそれから返事がなくて…。きも
いって言葉にすごく傷ついちゃった
みたい。わたしはふざけただけのつ
もりだったのに…。

😵 間違った相手に送っちゃった…

本当は春陽に送るつもりだったメッセージを間違えて怜央に送っちゃった…。春
陽が絶対にひみつにしたかったことが、わたしの間違いのせいで怜央に伝わっ
ちゃったの。春陽にはあやまったけど、すごくショックだったみたい。送る前
にちゃんとあて先を確かめればよかった…。

グループトークで悪口を言われちゃった…

仲良しのみんなでやっているメッセージアプリのグループトーク。ふだんは、学校であったこととかを話しているんだけど、ある日、友だちのひとりがわたしの悪口を送ってきて…。みんなおもしろがってわたしの悪口を送り合ってて。わたしは無視したけどすごく傷ついたし、もう友だちだと思えなくなっちゃった。

友だちが勝手に写真をSNSにアップしちゃって…

いっしょに撮った写真を友だちがわたしにだまってSNSにアップしちゃった。最初は別にいいかと思っていたんだけど、いつの間にか拡散してしまって、知らない人にもわたしの顔が見られちゃった…。アップした写真はすぐに消してもらったけど、拡散された画像までは消せないみたい。

SNSで知り合った人と会ってみたら…

スキなアイドルの話で盛り上がって仲良くなった女の子が近くに住んでいることがわかって、会う約束をしたの。アイコンの写真もふつうの女の子だったし、となりの小学校に通ってるって言ってたから気軽にOKしたんだけど、待ち合わせ場所にアイコンの写真と全然違う大人が立っていて…。びっくりして走って家に帰ったけど、すごくこわかった…。

メッセージアプリ・SNSの上手な使い方

メッセージアプリやSNSは、上手な使い方を知ればとっても便利なもの。
トラブルに巻き込まれずに使うために大切なことはなにか、いっしょに見てみよう。

1 相手の気持ちを考えよう

メッセージを送る前に、一度読みなおして、相手を傷つける内容じゃないかどうかしっかりと考えよう。
特に、メッセージアプリでのやりとりは、すぐに返信しなきゃと思うあまり、深く考えずに送信してしまいがち。一呼吸置いて、相手の気持ちを考えることを忘れないようにしてね。

2 伝わりにくいときは直接話す

スマホやパソコンを通した文字だけのやりとりでは、相手の表情を見ることができないよね。文字だけで気持ちを正しく伝えるのは、とてもむずかしいこと。だから、本当に伝えたいことが相手に伝わらずに、傷つけてしまったり、おこらせたりしてしまうことも。
複雑なことや大切なことを伝えるときは、できるだけおたがいの顔を見て、直接話すようにしよう。

③ 悪口・いじめにのらない

メッセージアプリやSNSで、友だち同士がだれかの悪口を言い合っているとき、自分も悪口を言わないと仲間外れにされるんじゃないかと思ってしまったりするよね。だけど、そこでいっしょに悪口を言ってしまえば、たとえ言い出したのがあなたじゃなくても、友だちを傷つけることに変わりはないよ。もし、悪口を注意する勇気がなくても、悪口にのらないようにしよう。悪口を言わない、いじめをしないことが大切だよ。

④ 写真をアップするのは危ないこと

撮った写真をインターネット上にアップするのはとても危険なことだよ。写真に写った顔や景色は悪用されてしまうかもしれないよ。また、中には写真を撮られるのがイヤだと思う人もいるし、写真を撮ることを禁止している場所もあるから、撮る前に必ず確かめるようにしてね。

⑤ メッセージアプリ・SNSで知り合った人には絶対に会わない！

いつも注意する気持ちを忘れないでね

メッセージアプリ・SNSで共通の趣味をもつ人を見つけたり、話が盛り上がったりすると、どうしても直接会ってみたくなることがあるよね。だけど、そこで知り合った人と会うのはとても危険なこと。相手がウソをついているかもしれないし、あなたを傷つけようとする人かもしれないんだよ。自分の身を守るためにも、メッセージアプリやSNSで知り合った人と直接会うことは絶対にやめようね。

気持ちがバッチリ伝わる！
「手紙」を書いてみよう

より気持ちが伝わる手紙の書き方を紹介するよ。
家族や友だちなど、大切な人に手紙を書いてみよう！

気持ちのこもった手紙を書こう

友だちと手紙のやりとりをしたことはあるかな？　その場で話すのとは違って、じっくり考えて書けるのが手紙のいいところ。あなたの気持ちをしっかり伝えることができるはずだよ。また、見た目や字もかわいくデコると、よりステキな手紙になるよ。手紙のやりとりで、友だちや家族ともっときずなを深めちゃおう☆

いろいろな場面で役立つ手紙

昨日はごめん！

お母さんいつも
ありがとう！

あやまりたいとき

こうかんね！

感謝の気持ちを
伝えるとき

もっと仲良く
なりたいとき

気持ちが伝わる手紙の書き方

手紙ってどんなふうに書けばいいのかな？ ポイントをチェックしてみよう。

ポイント1
かわいいびんせんを選ぼう！

ポイント2
相手の名前を書こう

ポイント3
一番伝えたいことを具体的に、先に伝えよう

ポイント4
強調したいところはかわいくデコろう

ポイント5
印象に残っていることをくわしく書こう

ポイント6
しめくくりの言葉を書こう

ポイント7
自分の名前を書こう

まひるちゃんへ♥

昨日は、おうちに呼んでくれてありがとう！

いっしょに遊べてとても楽しかったよ

ゲームではすごく盛り上がったね

まひるちゃん、ゲーム強くてびっくりしたよ！

今度は、わたしのおうちにも遊びにきてね☆

春陽より

※目上の人に手紙を書くときは、学校で習う書き方のルールにしたがってね。

やってみよう！
手紙のかわいい折り方

手紙は、びんせんをかわいい形に折ってもいいね。かわいい折り方を紹介するよ。

セーラー服

① 文字が書かれた面が内側になるように、縦半分に折る。

② もう一度開いて、**1**でできた折り目にそって左右を内側に折る。

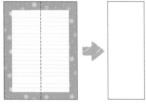

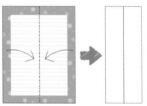

③ 手前の紙を、●の部分に合わせて、点線のところで外側に折る。

④ 点線のところで山折りをする。

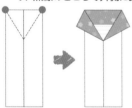

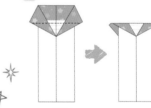

⑤ うらがえして、★の部分を赤い部分にさしこむ。

シールをはったり、ポケットやリボンをかいたりしてもかわいい！

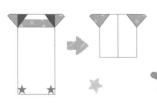

できあがり！！

○○ちゃんへ

デコ文字でもっとか・わ・い・く！

デコ文字を使うと、よりはなやかでステキな手紙になるよ。

デコ文字 いろいろ

▲ 線のはしに●をつけるだけでかわいい！

▲ 文字のまわりを囲むよ！

 ▲ ななめの線を入れるとはなやか♪

▲ 線1本だけを丸くするとポップに☆

SUMIRE

▲ 線1本だけを太くするとシャープに！

イラストをそえて

▲ ずっと仲良し

手紙で使える英語表現

DEAR REO

▲ Dearは「親愛なる」という意味だよ！
Dear ○○ちゃんというふうに、
あて名に使えるよ。

FROM TSUMIKI

▲ Fromは「〜より」という意味だよ！
From ○○というふうに、差出人（自分）の
名前を書くときに使えるよ。

自分の心を大切にするって
むずかしいけれど、
自分の心に正直になることはできるはず。

人の気持ちをわかってあげるって
むずかしいけれど、
「どんな気持ちかな？」
と考えてみることはできるはず。

自分の気持ちをコントロールしながら、
みんなと上手に付き合っていくのは
かんたんなことではないけれど、

254

心がけることはできるはず。

この本には、自分の気持ちや
まわりの人の気持ちに
向き合えるようになれる
ヒントがたくさんつまっているよ。

あなたが学んだ
〝こころのルール〟をいかして、
今よりもっとハッピーに
自分らしくすごせるように
これからもいっしょにがんばっていこうー

255

監修 **伊藤 美奈子**（いとう みなこ）

大学で国文学を学んだ後、女子高校の教諭として6年間勤める。その後、大学院に戻り、青年心理学・臨床心理学の研究と実践の世界に入る。現在、奈良女子大学で臨床心理学を教えるかたわら、中学・高校でのスクールカウンセラーとしても活動している。『思春期の心さがしと学びの現場』（単著：北樹出版）など著書多数。

マンガ・イラスト **双葉 陽**（ふたば はる）

宮城県出身。漫画家＆イラストレーターとして活動中。グッズのデザインなども手がける。デビュー作は2017年『君を見つけた』（集英社『夏の大増刊号りぼんスペシャル バニラ』に掲載）。その後現在まで、りぼんで活動を続ける。
Twitter ID : @hutaba_haru

© 双葉陽／集英社 りぼん

STAFF

イラスト
アシスタントリーダー　時坂あづ
アシスタント　　　　　神田ちな　てる　小林ユキ　杏乃

デザイン・DTP　　　　佐々木麗奈
カバーデザイン　　　　村口敬太（Linon）
編集　　　　　　　　　株式会社童夢　田中真理
校正・校閲　　　　　　有限会社くすのき舎　株式会社ぷれす　村上理恵

わたしもHappy みんなもHappy
【ハピかわ】こころのルール

監修者　伊藤 美奈子
編 者　はぴふるガール編集部
マンガ　双葉 陽
発行者　池田 士文
印刷所　株式会社光邦
製本所　株式会社光邦
発行所　株式会社池田書店
　　　　〒162-0851　東京都新宿区弁天町43番地
　　　　電話 03-3267-6821（代）／振替 00120-9-60072

落丁・乱丁はおとりかえいたします。
©K.K. Ikeda Shoten 2020, Printed in Japan
ISBN 978-4-262-15546-3

24073011